ESSAY

KRITIK

MARGINALIEN

Navid Kermani, geb. 1967, Schriftsteller und Publizist. 2023 erschien der Roman *Das Alphabet bis S*, im September 2024 erscheint *In die andere Richtung jetzt. Eine Reise durch Ostafrika*.

Natan Sznaider, geb. 1954, Soziologe. 2024 erschien *Die jüdische Wunde. Leben zwischen Anpassung und Autonomie*.

Kristin Helberg, geb. 1973, Journalistin und Politikwissenschaftlerin. 2018 erschien *Der Syrien-Krieg*.
kristin.helberg@gmx.de

Danilo Scholz, geb. 1984, Historiker und Publizist. Wissenschaftlicher Mitarbeiter am Kulturwissenschaftlichen Institut Essen.

Patrick Bahners, geb. 1967, Kulturkorrespondent der *FAZ* für Nordrhein-Westfalen und Redakteur für die »Geisteswissenschaften«. 2023 erschienen *Die Wiederkehr* und *Kampagne in Deutschland: Bénédicte Savoy und der Streit um die Raubkunst*.
Twitter: @PBahners

Charlotte Klonk, geb. 1965, Professorin für Kunst und neue Medien an der Humboldt-Universität zu Berlin. 2022 erschien *Revolution im Rückwärtsgang. Der 6. Januar 2021 und die Bedeutung der Bilder*.
charlotte.klonk@culture.hu-berlin.de

Florian Meinel, geb. 1981, Professor am Institut für Grundlagen des Rechts der Universität Göttingen. 2019 erschien *Selbstorganisation des parlamentarischen Regierungssystems*.
florian.meinel@jura.uni-goettingen.de

Tim Lanzendörfer, geb. 1981, Literaturwissenschaftler am Institut für England- und Amerikastudien der Goethe-Universität Frankfurt am Main. 2023 erschien *Utopian Pasts and Futures in the Contemporary American Novel*. Laufendes Buchprojekt zur Rolle der Literaturwissenschaft in der Gesellschaft, *Nichtfaschisten machen*.
https://platonicmonkeywrench.wordpress.com/

James Butler, Contributing Editor der *London Review of Books*. – Der Beitrag erschien unter dem Titel *What's a majority for?* in der *London Review of Books* vom 18. Juli 2024.

Daniela Dröscher, geb. 1977, Schriftstellerin. 2022 erschien *Lügen über meine Mutter*.

Jens Soentgen, geb. 1967, Philosoph und Chemiker. Leiter des Wissenschaftszentrums Umwelt der Universität Augsburg. 2022 erschien *Staub. Alles über fast nichts*. – Es handelt sich um die gekürzte und überarbeitete Fassung eines Texts, der 2025 in einem Gernot Böhme gewidmeten Gedenkband erscheinen soll.
jens.soentgen@wzu.uni-augsburg.de

Sibylle Severus, geb. 1937, Schriftstellerin. 2015 erschienen der Roman *Nauenfahrt* und die Erzählungen *Die Große Kunst*.
sibylle.severus@bluewin.ch

Susanne Neuffer, geb. 1951, Autorin. 2019 erschien *Im Schuppen ein Mann*; 2022 *Sandstein. Zwei Novellen*.
www.susanne-neuffer.de

ZU DIESEM HEFT

Der erste Anruf aus dem Ausland, der Natan Sznaider in Israel nach dem Terroranschlag der Hamas am 7. Oktober 2023 erreichte, kam von seinem langjährigen Freund Navid Kermani. »Man kann in so einer Situation nicht viel sagen«, erinnert sich der: »Es zählt das Gemeinsame, dass wir beide Väter von ungefähr gleichaltrigen Töchtern sind. Es hätte sein können, dass Natans Tochter bei diesem Rave dabei gewesen wäre, und Freundinnen von ihr waren es. Wenn man selbst eine Tochter hat, die auch da hätte sein können, dann geht das Geschehen einem anders nahe, als wenn irgendwo auf der Welt etwas passiert.«

Im Lauf der folgenden Wochen wich der anfängliche Eindruck eines selbstverständlichen »Einklangs« zwischen beiden dann allerdings zunehmend dem Gefühl schleichender Entfremdung. Zu unterschiedlich waren ihre Ansichten in vielen zentralen Fragen, etwa der nach dem rechten Maß der Empathie mit der Zivilbevölkerung in Gaza angesichts der Dauer und Schärfe der israelischen Militärschläge. Uneins waren sie auch darüber, ob hinter den Protesten junger Studierender in den USA und in Deutschland gegen die israelische Politik, wie Sznaider meint, wirklich nur »Antisemitismus, und nichts anderes« steckt.

Die Telefonate wurden seltener. Und doch riss der Kontakt nicht vollends ab. Nach einiger Zeit intensivierte sich der Austausch zwischen Sznaider und Kermani sogar wieder, und das, obwohl viele ihrer Meinungsdifferenzen weiter bestanden und, wie das Gespräch zwischen den beiden in diesem Heft klarmacht, auch weiterhin bestehen.

CD/EK

Navid Kermani/Natan Sznaider

»Überlegen, was hilft«

Gespräch über die Lage nach dem 7. Oktober

Kristin Helberg: Ich möchte beginnen mit etwas Persönlichem. Natan Sznaider, wie ist es Ihnen ergangen in diesen Monaten seit dem 7. Oktober? Nicht nur unmittelbar nach dem 7. Oktober als Jude, als Israeli, sondern auch nach sieben Monaten Krieg in Gaza? Was hat sich verändert für Sie im Laufe dieser Monate?[1]

Natan Sznaider: Die Frage, die Sie gestellt haben, wie es mir geht nach dem 7. Oktober, ist eigentlich unbeantwortbar. Sie ist auch unbeantwortbar auf Deutsch. Obwohl ich, wie Sie hören, auch auf Deutsch schreibe und auf Deutsch spreche. Das Innere aber ist nicht auf Deutsch, das Innere ist auf Hebräisch. Das heißt, ich spreche Deutsch und ich denke Hebräisch. Ich schreibe Deutsch und denke Hebräisch. Deshalb kann ich diese Frage nicht wirklich befriedigend beantworten.

Absurderweise kamen die ersten Nachrichten über den Live Feed der Hamas, die ihren Opfern die Telefone abgenommen hatte und dann allen Kontakten im Live Feed übermittelt hat, wie sie Menschen massakrieren und vergewaltigen. Das heißt, ihre Eltern haben das mitbekommen, Freunde und Freundinnen haben das mitbekommen. Meine Tochter hat so was auch gesehen und hat natürlich ganz schnell das Telefon ausgemacht, als sie verstanden hat, was sie da sieht.

Wir haben bis zum Mittag des 7. Oktober alle nicht so ganz verstanden, was eigentlich passiert ist, die ganze Zeit versucht, über soziale Netzwerke und Nachrichten irgendwie die Informationen zusammenzubauen, wie so ein Puzzle. Wir glaubten, das kann ja nicht sein, das ist unmöglich. Dass der westliche Negev erobert worden ist, dass die Armee nicht da war, um einzugreifen, dass diese Menschen hilflos aufs Grausamste massakriert werden. Wir haben das gar nicht einordnen können. Das war ein Ereignis, von dem man nicht wusste, wie man das integriert in das eigene Leben. Das ist bis zum heutigen Tag sehr präsent in Israel, sehr präsent. Ich habe das mal so

1 Auf Einladung der HFBK Hamburg sprachen Natan Sznaider und Navid Kermani, moderiert von Kristin Helberg, am 24. Mai 2024 vor großem Publikum in der Aula der Kunsthochschule über Israel und den Nahostkonflikt. Das vollständige Gespräch erscheint im Herbst 2024 im Materialverlag der HFBK Hamburg.

beschrieben, dass wir am 6. Oktober schlafen gingen und am 7. Oktober aufwachten, und am 7. Oktober schlafen gingen und am 7. Oktober aufwachten, und eigentlich bis jetzt immer noch nicht am 8. Oktober angekommen sind.

Am Tag darauf war Navid der Erste aus dem Ausland, der angerufen hat und gefragt hat, wie es geht. Und da war natürlich klar, dass dabei eine Affinität von Vätern besteht.

Kristin Helberg: In dem Artikel in der Süddeutschen schrieben Sie: »Am 7. Oktober sahen wir beide die Welt mit den Augen eines Vaters in Tel Aviv.« Was genau meinten Sie damit?

Natan Sznaider: Ich bin Vater einer Tochter, und Navid ist Vater von Töchtern. Wenn man mit so einem Ereignis konfrontiert wird, bei dem die jungen Mädchen und Frauen die ersten Opfer sind, dann empfindet man als Väter. Und das hält bis heute an. Die Familien der Geiseln haben vorgestern aus Verzweiflung einen weiteren Film veröffentlicht, in dem man junge Mädchen sieht, wie sie von der Hamas misshandelt werden. Das sind klare Zeichen von Hilfslosigkeit, Verzweiflung, Bösartigkeit, mit denen man konfrontiert wird. Die rufen auch Emotionen hervor, auf die man nicht stolz ist. Das gehört dazu.

Nun wird viel von Trauma gesprochen. Doch was man verstehen muss, ist, dass wir immer noch im Trauma sind, nicht im Posttraumatischen. Dieses Trauma drückt sich bei mir so aus, dass ich nur eine gewisse Zeit außerhalb von Israel sein kann, dann werde ich wie von einem Magnet zurückgeholt. Ich sitze zwar hier in Hamburg an der Alster, aber mit dem Telefon bin ich natürlich in Israel. Ich stehe morgens auf, und sofort sehe ich die Nachrichten, was dort geschieht. Es ist so, dass ich gar nicht weg kann und gar nicht weg will. Ich befinde mich in einem geschlossenen Universum. Seit dem 7. Oktober bis jetzt, Ende Mai. Es fühlt sich an wie eine Zeit, die festgefroren ist.

Kristin Helberg: Herr Kermani, Sie haben es so beschrieben, als erkennten Sie aus der Ferne den Schrecken. Wie erlebten Sie diese vergangenen Monate seit dem 7. Oktober? Und wie ist es Ihrer Freundschaft ergangen?

Navid Kermani: Unmittelbar nach dem 7. Oktober war das ganz klar und eindeutig. Da war vor dem Nachdenken einfach das Gefühl einer Umarmung. Man kann in so einer Situation nicht viel sagen. Es zählt das Gemeinsame, dass wir beide Väter von ungefähr gleichaltrigen Töchtern sind. Es hätte sein können, dass Natans Tochter bei diesem Rave dabei gewesen wäre, und Freundinnen von ihr waren es. Wenn man selbst eine Tochter hat, die auch da hätte sein können, dann geht das Geschehen einem anders nahe, als wenn irgendwo auf der Welt etwas passiert.

Es ist im Übrigen nicht so, dass die Welt am 7. Oktober eine andere geworden ist. *Unsere* Welt ist eine andere geworden. Ich war im Januar im Sudan, um über den Krieg dort zu berichten. Es ist dies der blutigste Krieg unserer Zeit, dazu die schlimmste Hungerkatastrophe weltweit, die sich im Augenblick anbahnt. Acht Millionen Sudanesen waren im vergangenen Jahr auf der Flucht. Das ist, wenn ich jetzt richtig rechne, ein Fünftel oder Sechstel der Bevölkerung. Für diese Sudanesen hat der 7. Oktober überhaupt nichts geändert. Sie wurden vorher ignoriert und sie werden jetzt ignoriert. Nur um das klarzustellen, dass wir hier auf dem Podium und sonst nur über *unsere* Welt sprechen, die wir als *die* Welt ausgeben.

Denn ja: Dadurch, dass meine Tochter auf dem Rave hätte sein können, oder Natans Tochter, entsteht etwas Menschliches, dass man anders fühlt, als ich gefühlt habe, bevor ich im Sudan war im Januar. Das ist ja das Beklagenswerte, dass wir erst Mitgefühl empfinden, wenn wir uns selbst in den Opfern wiedererkennen können. Das geht mir nicht anders als den meisten.

Kristin Helberg: Sie waren später erschrocken über die Empathielosigkeit der Israelis für die Zivilbevölkerung in Gaza, als dieser Krieg seinen Lauf nahm, als absehbar war, wie viele zivile Tote dieser Krieg fordern würde. Die Unfähigkeit zur Empathie, ist das vielleicht ein grundsätzliches Problem? Auch in unseren Debatten, in unserer Berichterstattung über diesen Konflikt? Oder gehört es zu jedem Krieg dazu, dass man die andere Seite entmenschlicht? Wie es hier auf beiden Seiten passiert.

Navid Kermani: Das ist ein grundlegender Mechanismus von Kriegen. Es ist der grundlegende Mechanismus von Hass. Und das ist etwas, was nicht erst seit dem 7. Oktober vorhanden war. Ich war das erste Mal 2002 in Israel, und dann war ich das zweite Mal 2005 dort. Schon damals war es für mich absolut erschreckend, was sich auf beiden Seiten allein in diesen drei Jahren für ein Hass gebildet hatte. Der 7. Oktober und auch die Reaktion auf den 7. Oktober haben eine Vorgeschichte in dem, was sich seit längerem an Entmenschlichungen der jeweils anderen Seite aufgebaut hat. Es ist die grundlegende Aufgabe von Leuten wie uns, sich diesem Mechanismus zu widersetzen. Und das haben wir auch versucht in dem gemeinsamen Artikel Ende Februar.[2]

2 Navid Kermani/Natan Sznaider, *Lass uns reden, Freund*. In: *SZ* vom 27. Februar 2024.

Dieser Artikel beschreibt eigentlich genau das: wie wir beide aus diesem Mechanismus aussteigen, der uns in zwei Lager gesteckt hatte.

Denn in den Wochen und Monaten davor hatten wir uns, glaube ich, durchaus entfremdet, Natan und ich. Weil ich merkte, dieses gemeinsame Gefühl unmittelbar nach dem 7. Oktober und dieser Einklang, der verschwand von Telefonat zu Telefonat. Und sie wurden seltener, unsere Gespräche, weil ich eine grundlegende Veränderung spürte. Ich überlegte, schicke ich Natan jetzt noch diesen Link über die Lage der Menschen in Gaza, oder nicht? Ich weiß, er ist genervt. Er will das gar nicht hören. Irgendwann fiel es mir schwer, anzurufen.

Ich war früher in Gaza, ich war in der Westbank. Ich habe viele arabische Freunde, ich habe auch palästinensische Freunde. Für mich wurde es von Tag zu Tag schwerer, mit einem Menschen zu sprechen, der das alles nicht wissen will. Aber irgendwann konnten wir doch wieder telefonieren. Wir kamen uns nicht näher, wenn wir über die Gründe sprachen, also wenn wir versuchten zu erklären, wer hat mehr Schuld oder wer hat angefangen. Sondern ich merkte, dass wenn wir beide darüber nachdenken, was jetzt unmittelbar passieren muss, dass wir uns dann plötzlich wieder einig waren.

Die Frage der Freilassung der Geiseln war der Schlüssel, um wieder ins Gespräch zu kommen. In den Telefonaten, die dann wieder öfter stattfanden, haben wir beide gemerkt: Selbst wenn wir uns nicht verständigen können über die vergangenen fünfzig Jahre, noch über die nächsten fünfzig Jahre – über die nächsten zwei Wochen waren wir uns einig. Wir waren uns einig darüber, was sofort passieren müsste: Waffenstillstand und die Freilassung der Geiseln, um irgendwie aus diesem unmittelbaren Schrecken rauszukommen und überhaupt einen klaren Gedanken zu fassen. Von diesem Einverständnis aus, das uns wahrscheinlich beide überraschte, kamen wir zu dem gemeinsamen Artikel in der *Süddeutschen Zeitung*.

Ich habe es dir übrigens nie zum Vorwurf gemacht, diesen Abbruch oder dieses weniger Telefonieren, dieses keine Nachrichten weiterleiten. Ich habe es nicht weiter versucht, weil ich merkte, es hat keinen Zweck im Augenblick. Es machte mich traurig, aber ich verstand es auch.

Aber auch meine Empathiefähigkeit ist begrenzt. Dass das jetzt seit 231 Tagen so weitergeht und nicht aufhört, dass es von Tag zu Tag schlimmer wird und es nicht möglich ist, das zu beenden, das halte ich nicht aus.

Kristin Helberg: Herr Sznaider, Sie haben beschrieben, in welcher abgekapselten Welt sich die Menschen in Israel zum Teil bis heute befinden, dass der 7. Oktober nicht aufgehört hat. Seit 231 Tagen sind immer noch 128 Geiseln im Gazastreifen. Ist es vielleicht zu viel verlangt, in dieser Situation

Mitgefühl für die palästinensischen Opfer zu verlangen? Es wird sehr viel Kritik geäußert an der Regierung Netanjahu. Es wird sehr viel Kritik geäußert, auch an dieser Art der Kriegsführung, daran, dass die Prioritäten falsch gesetzt werden aus Sicht vieler Menschen in Israel, weil der Krieg und der Kampf gegen die Hamas im Vordergrund steht und nicht die Rettung der Geiseln. Aber die Mehrheit der Menschen stehen trotzdem hinter diesem Krieg im Gazastreifen, weil sie ihn als notwendig erachten, um die Hamas als Gefahr zu zerstören. Glauben Sie, dass dieser Krieg Israel sicherer gemacht hat?

Natan Sznaider: Der Krieg war absolut notwendig, das ist überhaupt keine Frage. Israel hat so reagiert, wie jeder andere Staat auch reagiert hätte, wenn so etwas passiert. Die Souveränität wurde verletzt, das Land wurde besetzt, 1200 Leute wurden auf brutalste Weise ermordet. Was hätte Israel machen sollen in dieser Situation? Nicht reagieren? Mitgefühl ist für mich keine politische Kategorie. Ich kann mit dem Wort nichts anfangen. Was heißt das? Empathie? Mitgefühl für die anderen?

Ich sehe die Bilder der Geiseln, die Bilder der jungen Mädchen. Ich denke an meine Tochter. Da ist totale Identifizierung. Für mich sind die, die das angerichtet haben, jenseits jeglicher Emotion. Da ist nicht mal Hass. Da ist gar nichts. Das sind Leute, die außerhalb jeglicher Menschlichkeit in irgendeiner Weise stehen.

Nun kann man sagen, die Hamas hat diese Grausamkeit nicht begangen als Exzess, sondern sie hatten eine Gebrauchsanweisung dabei. Das war so geplant und wurde so ausgeführt, dass es jedem in Israel ihre Absicht absolut deutlich gemacht hat. Und natürlich hatte die Hamas auch die israelische Reaktion mit eingebaut in ihr Kalkül.

Wenn Sie Leute kennen, die im Gazastreifen kämpfen, dann wissen Sie, dass es zwei Gazastreifen gibt. Es gibt das oberirdische Gaza, und es gibt das unterirdische. Die Hamas-Kämpfer befinden sich meistens im unterirdischen, die Bevölkerung im oberirdischen. Und sie ist zum Schutzschild der Hamas geworden.

Jetzt müssen Sie sich vorstellen, wie Menschen mit der Grausamkeit der Hamas konfrontiert worden sind. Ich weiß nicht, ob Sie die Bilder gesehen haben, die vierzig Minuten, die Angehörige der Geiseln gerade veröffentlicht haben. Am Anfang wollte ich das nicht sehen. Dann habe ich mich doch dazu entschlossen, weil ich mich damit konfrontieren wollte. Wenn man das einmal gesehen hat, dann schläft man nicht mehr richtig. Und dann kommen so WhatsApp-Nachrichten und Telefonate wie von Navid. Und darin wird von Empathie gegenüber Gaza und Empathiefähigkeit gesprochen.

Und ich sage, was will der eigentlich von mir? Die sollen uns zufriedenlassen. Irgendwie haben sie doch keine Ahnung. Die haben noch nicht gesehen, was passiert ist. Was für eine unmögliche Forderung es ist, von Menschen wie mir, Empathie für diejenigen zu fordern, die das angerichtet haben. Bin ich Gott, bin ich ein Heiliger, der sich über alle diese Dinge hinwegsetzen kann? Also Empathie nicht, Verantwortung schon.

Kristin Helberg: Aber die Frage stellt sich, kann man dennoch Empathie empfinden mit den Menschen auf der anderen Seite, mit den Zivilisten?

Navid Kermani: Ich möchte gerne zunächst der ersten Aussage Natans widersprechen. Ich glaube, dass Empathie etwas extrem Politisches ist. Ich verstehe, dass es nach dem 7. Oktober vielen Israelis sehr schwer fällt, diese Haltung zurückzugewinnen. Wenn man zu Sicherheit kommen möchte für die Einen, und zu einer Art von Leben – so muss man ja schon sagen, einfach nur Leben – für die Anderen, dann wird Mitgefühl oder ein Verständnis für deren Situation zu einer enorm politischen Kategorie.

Für das Gegenteil steht diese Mauer in Israel, eine physische Mauer, die von palästinensischer Seite aus bis zu neun Meter hoch und von israelischer Seite oft gar nicht zu sehen ist, weil sie mit Gras zugedeckt wird. Diese Mauer des Bewusstseins hat mit zu dieser eminent politischen Katastrophe geführt, die wir jetzt erleben.

Ich würde mich dagegen wehren, das als gottgegeben hinzunehmen. Für ein paar Durchgeknallte bei der Hamas ist die Situation vielleicht sehr komfortabel. Auch für ein paar Siedler mag es komfortabel sein. Aber für die Mehrheit der Menschen auf beiden Seiten des Konflikts ist es einfach eine katastrophale Situation. Um zu irgendeiner Art von Beruhigung zu kommen, wenn man schon nicht an eine wirkliche Lösung glaubt, muss man versuchen, diese Mauern zu überwinden, um auch die andere Seite wieder zu verstehen. Insofern ist Empathie keine unpolitische Forderung.

Kristin Helberg: Ministerpräsident Netanjahu hatte zwei Ziele ausgegeben: die Geiseln zu befreien und die Hamas zu zerstören. Beides ist bislang nicht gelungen. Aber es sind mehr als 35 000 Menschen gestorben. Deswegen gerät Israel international zunehmend in die Isolation. Bisher hat man eher den Eindruck, dass dieser Krieg vor allem das politische Überleben sichern soll, der israelischen Regierung wie der Hamas-Führung. Deswegen noch mal die Frage: Dient der Krieg wirklich der Sicherheit der Menschen in Israel und in Gaza?

Navid Kermani: Nein. Ich war von vornherein anderer Meinung als Natan. Mir war sehr wohl klar, dass Israel militärisch reagieren muss – die Frage war nur, wie. Leider deutete sich schon früh an, dass Israel gegen alle Warnungen seiner Verbündeten blind dem Autopilot folgt, der von der Hamas eingestellt worden war. Die extrem brutale Form der Kriegsführung kann auf Dauer nicht Israels Sicherheit dienen. Gaza, das ist für die Palästinenser, für die arabische Welt jetzt schon eine Katastrophe mindestens so weitreichend wie die Nakba. Die flächendeckende Zerstörung, die immer neue Vertreibung von diesem zu jenem Ort, ohne dass es irgendwo Sicherheit gibt, die Aushungerung, die vielen Bilder der Entwürdigung durch israelische Soldaten, das alles wird ins kollektive Gedächtnis eingehen, es wird Mythen erzeugen, Lieder, Gedichte, Riten, es wird den Hass über Generationen hinweg perpetuieren. Aus meiner Sicht wird dieser Krieg Israel auf lange Sicht unsicherer machen.

Dieser Krieg nützt am meisten der Hamas. Sie hat eine extrem große Verantwortung für das, was da passiert. Die Hamas wusste, und es war Teil ihres Plans, was ihr Vorgehen für die Zivilbevölkerung in Gaza bedeuten würde. Die Führer kennen das israelische Denken. Sehr viele können Hebräisch, nicht wenige waren in israelischen Gefängnissen. Sie wussten genau, was dieses Massaker in Gang setzen wird, und es ist genau so eingetreten. Das heißt, in gewisser Weise folgen alle im Augenblick einem Plan, den die Angreifer im Schilde hatten. Und die Frage ist, und das ist eine politische Frage, wie kommen wir aus diesem bösen Plan wieder raus?

Die israelische Regierung tut es nicht, sie wird den Krieg immer weiter führen. Die Hamas tut es auch nicht. Auch sie wird immer so weitermachen. Dass die Palästinenser in Gaza selbst etwas unternehmen, ist nicht zu erwarten unter all den Bomben. Die israelische Zivilgesellschaft formiert sich wieder. Aber letztendlich wird der Punkt eines Waffenstillstands nur erreicht durch äußeren Druck.

Kristin Helberg: Israel ist inzwischen vor dem Internationalen Gerichtshof angeklagt mit dem Vorwurf des Genozids, initiiert durch Südafrika. Gerade heute hat der Internationale Gerichtshof dem Eilantrag zugestimmt und fordert jetzt von Israel, die Militäroperation in Rafah zu stoppen und den Grenzübergang dort wieder zu öffnen.

Jetzt müssen Ministerpräsident Netanjahu und Verteidigungsminister Joaw Galant internationale Haftbefehle fürchten, nachdem der Chefankläger vor dem Internationalen Strafgerichtshof diese beantragt hat. Die US-Regierung als engster Verbündeter hat sich im Weltsicherheitsrat erstmals enthalten. Das war im März, um eine Resolution zu ermöglichen, die eine sofortige Feuerpause forderte. Die USA hat auch schon Lieferungen von Bomben und Munition zurückgehalten. Auch ein historisch ziemlich einmaliger Vorgang. Es gibt in Israel Kommentatoren, die viel mutiger sind als in Deutschland, die ganz klar sagen: Die Netanjahu-Regierung ist schuld daran, dass wir international zum Paria werden. Wie nehmen die Menschen in Israel das wahr?

Natan Sznaider: Das ist alles nicht sehr hilfreich. Sagen wir es mal so. Ich bin in den letzten anderthalb Jahren wahrscheinlich auf mehr Demonstrationen gegangen als viele hier ihr ganzes Leben. Und letzten Samstag waren ungeheure Energien auf der Demonstration für die Geiselbefreiung, für den Waffenstillstand. Der Oppositionsführer Jair Lapid hielt eine sehr vehemente Rede. Da bewegt sich etwas. Da kommt Druck endlich von innen.

Und dann kommt dieser Chefankläger und macht alles kaputt mit seiner Gesinnungsethik. Mit seiner formaljuristischen Einstellung hat er vielleicht Recht. Wenn er Zeitungen gelesen hätte, hätte er sich aber auch denken können, ich warte erst mal zwei, drei Wochen, um zu sehen, was in Israel passiert. Aber mit seinem Entschluss hat er eigentlich nur dazu beigetragen, Netanjahus Regierung weiter zu stützen. Das kommt halt davon, wenn Juristen oder Philosophen Politik machen. Großartig. Ein wirklich kluger politischer Move war das von dem Herrn Chefankläger.

Dasselbe gilt für die Demonstrationen auf den Campussen in Amerika und in Deutschland. Von denen in Deutschland bekommt man in Israel nicht so viel mit. Das Interesse gilt mehr dem, was in Berkeley oder in New York an der Columbia University geschieht. Diese Campus-Bewegungen von jungen Studierenden, die endlich das wichtigste Anliegen ihrer Studienzeit gefunden haben, das kommt natürlich in Israel an.

Und manche dieser Parolen drücken eigentlich nichts anderes aus als den Willen und den Wunsch, mich und meine Familie und alle meine Freunde in die Luft zu jagen. Dieses Anliegen von Studierenden in Amerika und auch in Ländern in Europa macht natürlich die Protestbewegung in Israel etwas sprachlos. Und wir wissen alle, was dahintersteckt. Aber wenn man sagt, was dahintersteckt, nämlich das A-Wort, dann wird man sofort abgewatscht, und es wird gesagt: Das hat mit dem A-Wort überhaupt nichts zu tun.

Das sind vielleicht sogar legitime Anliegen, die diese Studierenden haben. Aber ich und viele meiner Kollegen und Kolleginnen wie die linke Soziologin Eva Illouz sagen eben ganz klar: Das ist Antisemitismus, und nichts anderes. Wenn die Protestierenden hier am Dammtor »From the River to the Sea« rufen, was meinen die damit? Die meinen nicht von der Elbe bis zur Alster. Die meinen mich.

Kristin Helberg: Ich möchte zunächst noch einmal auf den internationalen Druck zurückkommen. Diese Entwicklung, die Sie gerade als sehr schmerzhaft beschrieben haben, hat Herr Kermani in fast prophetischer Weise vorhergesehen. In einem SZ-Artikel im August 2006 während des damaligen Libanon-Kriegs haben Sie hergeleitet, dass Israel sein Überleben zwei Konstanten verdankt: der Unterstützung des Westens und der Stärke gegenüber den Nachbarn. Der Westen unterstütze Israel vor allem aus einem tief moralischen Grund, nämlich dem Bewusstsein für das Leid, das den Jüdinnen und Juden widerfahren ist. Deswegen sei Israel auf Moral angewiesen, um zu überleben. Angesichts der aktuellen Kriegsführung in Gaza will ich Sie deshalb fragen: Verliert Israel, wenn es die moralische Statur verliert, auch die bedingungslose Solidarität des Westens?

Navid Kermani: Der Gedanke in diesem Beitrag war, dass Israel, wenn es sich ausschließlich auf seine militärische Stärke stützt, eigentlich schwach ist und sich weiter schwächt. Denn Israels Legitimation und die Unterstützung des Westens beruhen seit der Gründung des Staates Israel auf einem globalen Akt der Humanität, der Solidarität mit dem jüdischen Volk nach dem Leid der Shoah. Diese Moralität zu bewahren – es zumindest zu versuchen trotz der Bedrohungslage –, war der Garant dafür, dass in all den Jahrzehnten nach dem Zweiten Weltkrieg die Unterstützung des Westens konstant blieb. Moralität war hier nicht nur eine Frage des Altruismus und der Nettigkeit, sondern sicherheitspolitisch elementar. Und ist es weiterhin für das Überleben Israels.

2006 während des Libanon-Kriegs, wo Israel für damalige Verhältnisse bereits sehr brutal vorgegangen ist, spürte ich in der amerikanischen Öffentlichkeit, beim liberalen Mainstream, dass die Stimmung kippte. Es schien mir offensichtlich, dass es Widerstand oder eine Boykottbewegung hervorrufen wird, wenn Israel sein Überleben nur durch militärische Stärke erreichen will. Das kann man gut oder schlecht finden. Ich bin kein Anhänger von BDS, aber ich habe verstanden, dass eine solche Reaktion kommen wird, weil sich das damals bereits angedeutet hat.

Auf meinen Reisen erlebe ich zudem häufig eine ganz andere Wahrnehmung des Nahostkonflikts. Viele Menschen – sicherlich die Mehrheit der Menschen weltweit – haben aufgrund ihrer eigenen Geschichte einen anderen, sehr viel weniger empathischen Blick auf den Staat Israel. Auch das erleben wir gerade durch die von Südafrika angestoßene Anklage vor dem Internationalen Gerichtshof, die Israel Genozid in Gaza vorwirft.

Kristin Helberg: Sie waren viel in Afrika unterwegs. Wie nimmt man Israel dort wahr?

Navid Kermani: Südafrika ist ein spezieller Fall. Das ist mir auch erst klar geworden, als ich durch Afrika gereist bin. Die Sympathien sind überall dort mit den Palästinensern, aber nirgends so leidenschaftlich wie in Südafrika. Das hat einen speziellen Hintergrund. Die Geschichte des Kampfes gegen die Apartheid war immer verbunden mit dem Kampf der Palästinenser. Wenn Sie das große Memorial für das Ende der Apartheid auf dem Constitution Hill in Johannesburg besuchen, dann sehen Sie dort zentral auch den Nakba Memorial Forest, Olivenbäume, die an die Vertreibung der Palästinenser erinnern.

Das hat damit zu tun, dass vor allem in den siebziger Jahren Israel ein enger Verbündeter des Apartheidstaates war, dass Israel einer der Staaten war, die am längsten zum Apartheidstaat gestanden haben.

Aber das ist ein spezieller Fall, den man nicht unbedingt gleichsetzen kann mit dem gesamten »Globalen Süden« oder mit Afrika. Überhaupt ist ja »Globaler Süden« ein seltsames Wort, weil es anders als »Dritte Welt« irgendwie positiv oder emanzipatorisch klingt – aber zu dessen Führern gehören viele Politiker, die wir nicht gerade als Menschenfreunde bezeichnen würden. Der indische Ministerpräsident gehört zum Globalen Süden und ist ein ziemlicher Rassist, um nur ein Beispiel von vielen für diese angeblich emanzipatorische neue Kraft zu geben. Im Globalen Süden sind wahrscheinlich mehr Nationalisten und Diktatoren an der Macht als irgendwo sonst auf der Welt.

Kristin Helberg: Diese Kritik an Israel formuliert sich gerade als eine grundsätzliche, die zurückgeht bis zur Staatsgründung 1948. Nach all den Jahrzehnten der Ungleichbehandlung der Palästinenser, nach dem Siedlungsbau, der Landnahme in Ostjerusalem, im Westjordanland, bezeichnen Studierende und Akademiker, die vom Postkolonialismus geprägt sind, Israel als ein koloniales Projekt weißer Siedler, da der Zionismus in Europa seinen Anfang genommen hat. Herr Sznaider, was entgegnen Sie?

Natan Sznaider: Grundsätzlich würde ich sagen, dass die Staatsgründung Israels 1948, also die Ausübung jüdischer politischer Souveränität, für viele Menschen höchst anstößig war und immer noch ist. Das merkt man auch an dem Diskurs, der sich um diese Staatsgründung herum gebildet hat, also dem Diskurs des weißen Kolonialismus, der ignoriert, dass Israel ein Staat von Geflüchteten ist. Das wird aus diesem postkolonialen Diskurs völlig herausgeschrieben. Waffentragende Juden und Jüdinnen sind für viele Menschen eben eine höchst anstößige Angelegenheit.

Ich würde das zurückführen auf tiefliegende antijüdische Ressentiments. Ich glaube, da liegt der Hund begraben. Deswegen sehe ich keinen Unterschied zwischen dem, was man Antisemitismus oder Antizionismus nennt. Die fahren auf denselben Schienen, vielleicht mit verschiedenen Zügen, aber sie fahren in dieselbe Richtung. Das ist dann auch die Wahrnehmung, die aus der Richtung kommt, die man so flott »Globaler Süden« nennt.

1948 war das weniger so, weil da war die Problematik der kolonialen Besitznahme auf Frankreich bezogen, und später auf den Algerienkrieg. Der Switch kam erst nach 1967, nach dem Sechstagekrieg. Und natürlich aus den Akademien mit der Katastrophe, die man Michel Foucault nennen kann, und auch Edward Said. Die haben sich zusammengetan, um Israel als ein weißes Kolonialprojekt zu benennen. Das kommt heute bei jungen Studierenden wieder an, ist aber nichts Neues. Erinnern sie sich nur an deutsche Universitäten Ende der 1960er Jahre.

Ich als alter weißer Mann erinnere ich mich noch gut an meine Zeit in Mannheim auf dem Gymnasium. Damals hieß das noch Arafat-Tuch, die Kufiya, die Studierende zusammen mit dem Parka trugen und dazu Schwarzer Krauser gedreht haben. Auch damals schon gab es unter diesen Leuten eine Solidarität mit den Gegnern Israels, die Israel als Teil des Imperialismus gesehen haben.

Das geht im gewissen Sinne auf die antiisraelische Propaganda der Sowjetunion nach dem Zweiten Weltkrieg zurück, den Agitprop. Den haben wir dann wieder auf der Documenta gesehen, wo er neues Leben bekommen hat. In dieser antisemitischen oder quasiantisemitischen Kunst, die da gezeigt worden ist, sind Elemente des sowjetischen Agitprop wieder aufgetaucht, wie wir sie auch auf der Documenta fifteen vor zwei Jahren sahen.

Das heißt, das alles hat eine lange Vorgeschichte. Eine, die sehr viel mit der Sowjetunion zu tun hat, mit der sowjetischen Politik nach 1945. Weil es die Sowjetunion geschafft hat, ein Feindbild zu schaffen von Israel, das es im Zusammenhang sieht mit den USA, mit Imperialismus und Kapitalismus. Dass diese Topoi sich dann an alte antijüdische Topoi anschließen, ist fast schon natürlich.

Etwa wenn Dozenten und Dozentinnen in Berlin sich mit den Studierenden solidarisieren, die mich tot haben wollen, und dann total mickrig werden, wenn Zeitungen sie dafür anklagen. Dann reagieren sie mit den Topoi der »Springer Presse«, was ein altes DDR-Konzept ist, das man benutzt, um etwas zu delegitimieren. Es gibt hier klare Linien, die man beobachten kann, die natürlich auch in Südafrika noch mal auftauchen. Wenn es dann Leute gibt, die die Hamas als eine legitime Bewegung des Widerstands sehen, dann erinnert mich das an 1972.

Ich war damals siebzehn Jahre alt, München-Olympiade, als die israelischen Sportler vom »Schwarzen September« als Geiseln genommen worden sind im olympischen Dorf. Mein ganzes Umfeld, das links war, hat frohlockt. Die fanden das alle wahnsinnig cool. Das war für sie antiimperialistischer Widerstand. Im Endeffekt war das einer der Auslöser, warum ich nicht mehr in Deutschland leben wollte, diese Solidarität mit dem »antiimperialistischen Widerstand« 1972 in München. Dass das plötzlich wieder so auftaucht, da bin ich ziemlich sprachlos.

Ich bin sicher, dass das Letzte, was die Studierenden wollen, ist, die israelische Gesellschaft zusammenzuschweißen. Aber das ist genau das, was sie machen. Nicht sehr hilfreich.

Kristin Helberg: Herr Kermani, wie nehmen Sie diese Diskurse im akademischen Milieu heute wahr?

Navid Kermani: Sie sind ziemlich irrelevant für das, was im Nahen Osten passiert. Aber was die Intentionen der Protestierenden betrifft, würde ich dir wirklich widersprechen, Natan. Einfach zu sagen, jeder, der in Berlin an der Uni gegen den Krieg in Gaza protestiert, möchte dich tot sehen, das kann ich nicht so stehen lassen. Das stimmt einfach nicht.

Gleichwohl nehme auch ich manche Berichte erschrocken zur Kenntnis, manche der Parolen, auch den Umgang mit jüdischen Studenten und Studentinnen, die sich deswegen fürchten, den Campus zu betreten oder sich auf den Straßen als Juden zu erkennen zu geben. Das ist fürchterlich und hätte ich so nicht mehr für möglich gehalten in Deutschland. Auf der anderen Seite bin ich im Kontakt mit Arabern, mit Palästinensern, aber auch mit Deutschen, die mit der arabischen Welt vertraut sind und eigene Kontakte haben, Nahostwissenschaftler, Korrespondenten und so weiter – und die alle extrem erschüttert sind über das, was im Augenblick in Gaza passiert. Und ich finde, man muss hier zwei Reaktionen auseinanderhalten. Da gibt es zum einen inzwischen sehr viele Menschen in Europa, die haben Angehörige dort, die haben eine Familiengeschichte dort, die haben Freunde. Sie telefonieren täglich. Klar sind die wütend, und ja, manche vergreifen sich auch im Ton oder sind sehr einseitig in ihrer Wahrnehmung, so wie viele Israelis aufgrund ihrer Erfahrung mit der Gewalt der Palästinenser wütend sind und sich im Ton vergreifen. Aber das pauschal als Antisemitismus zu bezeichnen, finde ich falsch. Hier geht es um persönliche Betroffenheit, um Menschen, die in dieser Region aufgewachsen sind mit diesem Konflikt, die Freunde haben, die dort gelebt haben. Sie sehen anders auf diese Krise, die sie ein Leben lang begleitet hat, als viele, die diese Geschichte nicht persönlich teilen.

Zugleich frage ich mich natürlich, und das betrifft durchaus die ganze arabische Öffentlichkeit: Wo war denn die Solidarität mit den Palästinensern in den vergangenen zwanzig Jahren? Es gab ein Friedensabkommen mit Saudi-Arabien und anderen arabischen Staaten, in dem Palästina überhaupt nicht vorkam.

Kristin Helberg: Sie sprechen von der Abraham Accords Declaration unter Federführung der USA von 2020.

Navid Kermani: Die Palästina-Frage hat in den letzten zwanzig Jahren niemand groß tangiert, weder im Westen noch in der arabischen Welt.

Natürlich sind die Bilder aus Gaza ein Fanal. Aber ich glaube nicht, dass der plötzliche Furor an westlichen Universitäten allein mit den Bildern aus Gaza zu erklären ist. Die Bilder, die Schleifen des Leids, das bringt viele Menschen wirklich auf. Aber zugleich vermute ich, dass sich der Konflikt vermischt mit unseren identitätspolitischen Debatten, die ich eigentlich sehr langweilig finde, wo es nur darum geht, sich zu entscheiden, zu welcher Opferseite man gehört, weil man nur als Opfer sprachfähig zu sein meint.

Das ist mir sehr suspekt. Ebenso wie manche Palästina-Solidarität von Menschen, die nicht die geringste Ahnung haben von diesem Konflikt, die keine Kenntnis haben, weder von der arabischen Geschichte noch von Israel. Und wo plötzlich innerhalb von drei Monaten eine Haltung bei Leuten entstanden ist, die ihr Leben lang nicht über diese Fragen nachgedacht haben. Das hat mit dem Geschehen dort nach meiner Meinung wenig zu tun. Und deshalb interessiert es mich auch nicht so sehr.

Kristin Helberg: Ein anderes Phänomen der letzten Jahre ist, dass sich eine wachsende Zahl von Jüdinnen und Juden in der Diaspora entfremdet hat vom Staat Israel, sich nicht mehr von ihm vertreten fühlt. Etwa der kürzlich verstorbene Alfred Grosser, der französische Publizist und Politikwissenschaftler, der schon vor Jahren sagte, dass die Politik Israels den Antisemitismus fördere.

Und es gibt in Deutschland eine Gruppe von Kritikern, jüdische Stimmen, die beklagen, dass auch sie unter Sprechverbot leiden. Viele Ihrer Kolleginnen und Kollegen, also jüdische Schriftsteller, Wissenschaftlerinnen, Künstlerinnen, sind in den vergangenen Monaten in Deutschland mit Verweis auf ihre vermeintlich antisemitischen Äußerungen ausgeladen worden. Preisverleihungen wurden abgesagt, Veranstaltungen und Ausstellungen.

Prominente Fälle sind Masha Gessen, Candice Breitz, zuletzt Nancy Fraser in Köln, oder ganz aktuell Nathan Thrall, dessen Veranstaltung in Frankfurt abgesagt wurde.

Wie bewerten Sie diese Kritik und den Umgang mit diesen Kritikern?

Natan Sznaider: Das ist Selbststilisierung, wie Navid vorhin richtig meinte, dass man auch ein Opfer ist, von einem neuen McCarthyismus, der die diskursiven Räume enger macht. Diese Leute hören trotzdem nicht auf zu reden. Und die Tatsache, dass darunter einige Juden und Jüdinnen sind, macht es nicht besser. Auch das ist nichts Neues, dies als Legitimation zu nutzen.

Masha Gessen hat ihren Hannah-Arendt-Preis bekommen, und sie durfte sagen, dass Gaza und das Warschauer Ghetto eigentlich das Gleiche ist. Sie hat auf dem Vergleich bestanden, und sie hat trotzdem ihren Preis bekommen. Sie wurde nicht ausgeladen, sondern ihre Veranstaltungen waren rappelvoll in Berlin. Und Leute, die auf anderen Veranstaltungen waren und als sogenannte »Zionisten« identifiziert, wurden gemobbt.

Warum gibt es unter den Studierenden kaum Proteste für die Freilassung der Geiseln? Und wenn es zu Demonstrationen dazu kommt, warum sind das meistens nur jüdische Studierende? Ich will das gar nicht gegeneinander ausspielen. Aber es ist eine Selbststilisierung, wenn man davon spricht, es gäbe gute Juden, schlechte Juden, böse Juden. Und es ist auch nicht so, dass irgendwer nicht gehört wird. Wir leben in einer Welt, wo man skandalöse Dinge behaupten kann wie Masha Gessen. Aber dann muss man damit rechnen, dass es ein bisschen Gegenwind gibt. Und wenn man das nicht vertragen kann, dann sollte man lieber nichts sagen.

Die Frage ist, was ist hilfreich, um die Geiseln zurückzubringen? Israel aus der politischen Sackgasse und Isolation zu holen und diese ganzen Dinge, einschließlich der Frage von Empathie oder Empathielosigkeit, die meiner Meinung nach – und ich bestehe darauf, Navid – keine politische Kategorie ist, sind in der Hinsicht nicht hilfreich. Hilfreich ist einzig eine klar kalkulierte, kalte Interessenspolitik.

Israel muss aus der Isolation heraus, um eine Allianz mit arabischen Staaten einzugehen. Wir sind uns einig, dass viele von diesen Regierungen uns nicht besonders sympathisch sind, wie Saudi-Arabien. Aber nur mit diesen Allianzen lässt sich eine Front gegen den Iran und die iranischen Proxys erreichen. Über diese Hintertür kommt man eventuell zu einem Waffenstillstand und dass die Geiseln befreit werden.

Das hat nichts mit Empathie zu tun. Das hat klar mit einem Kalkül zu tun. Mit Realpolitik. Israels Sicherheit ist die Raison d'état von Israel. Es ist nicht die Raison d'état von Deutschland, sondern die von Israel und seiner eigenen Sicherheit. Die kann nur durch politisches Kalkül, durch souveräne Politik und Manövrieren erreicht werden. Mit Empathie, ohne Empathie. Das spielt keine Rolle in der Hinsicht.

Navid Kermani: Aber wir sind uns doch einig darin, dass die gegenwärtige israelische Regierung nahezu das Gegenteil von dem tut, was für Israels Sicherheit hilfreich wäre. Diesen Krieg auf diese Weise fortzusetzen, das bedeutet, die Geiseln praktisch zu opfern. Das hat vielleicht nichts mit Mitgefühl für Israel oder für Palästina zu tun, aber wenn wir diese Diskussion realpolitisch führen wollen, dann ist das, was im Augenblick realpolitisch passiert, eine realpolitische Katastrophe, auch für Israel.

Natan Sznaider: Ja, aber der Druck muss von innen kommen. Der kommt sicher nicht von den Campussen, der kommt sicher nicht von Den Haag, der kommt sicher nicht von der internationalen Gemeinschaft, sondern er kommt von uns selbst. Und in der Hinsicht braucht die israelische Zivilgesellschaft Hilfe und Solidarität von progressiven oder progressiveren Kräften, jüdisch oder nicht, die uns darin unterstützen.

Viele Israelis, die regierungskritisch sind, fühlen sich isoliert von einem politischen und auch journalistischen Milieu, das nicht unterscheiden mag zwischen sogenannter Israelkritik, oder besser, Kritik an der israelischen Regierung, und Solidarität mit der israelischen Zivilgesellschaft, gerade während der Kriegszeit.

Das muss man sich mal vorstellen, es ist Krieg. Leute haben Enkel und Kinder in der Armee, die im Gazastreifen jeden Tag ihr Leben aufs Spiel setzen, und sie gehen trotzdem auf die Demonstration. Weißt du, was das für eine Überwindung ist? Und dann auch noch beschimpft zu werden auf der Straße mit den schlimmsten Beleidigungen, die man sich nur vorstellen kann. Und dass die Eltern und Brüder und Schwestern der Geiseln auf diesen Demonstrationen sind und sich die ganze Zeit Vorwürfe machen lassen müssen, dass sie demonstrieren, obwohl das Land im Krieg ist. Es ist doch nicht selbstverständlich, dass ein Land, das Krieg führt, eine Zivilgesellschaft produziert, die versucht, einen Waffenstillstand dieses Krieges zu erreichen.

All das ist vollkommen weg vom Radar, weil Israel als etwas Monolithisches betrachtet wird. Die Hamas spielt mit diesem Image Israels als dem monolithischen, grausamen Aggressor. Und die Leute hier fallen oft darauf herein, auf dieses Image. Und gleichzeitig muss man in Israel damit rechnen, auf Demonstrationen von der Polizei wirklich brutal behandelt zu werden. Aus dem Ausland gibt es dazu keine Resonanz. Ganz im Gegenteil. Es wird sich völlig mit der anderen Seite solidarisiert. Es ist zum Verzweifeln, wirklich zum Verzweifeln.

Navid Kermani: Ich glaube, das ist der entscheidende Punkt. Und das versuche ich aus einem realpolitischen Impuls heraus zu betrachten. Ich glaube, dass es im Augenblick ein gemeinsames Interesse gibt – vielleicht nicht für lange Zeit, aber jedenfalls für die nächsten Monate –, ein gemeinsames realpolitisches Interesse, das Israelis und Palästinenser einen könnte. Dazu müsste man auf der einen Seite wahrnehmen, dass es nicht nur Hamas-Mörder gibt, die Israelis in Fetzen reißen wollen. Und auf der anderen, dass es sehr viele Israelis gibt, die vor allem in einem Land leben wollen, das lebenswert ist, wo sie sicher sind, wo sie den Rechtsstaat bewahren können. Und die verstanden haben, dass die jetzige Entwicklung sowohl Israels Demokratie zu zerstören droht als auch das Land international isoliert. Gegen die Angriffe auf den Rechtsstaat durch die Regierung haben viele Israelis schließlich schon vor dem Gaza-Krieg demonstriert. Aber die Besatzungspolitik spielte in diesen Massenprotesten, soweit ich erkennen konnte, kaum eine Rolle.

Für mich gehört das zusammen. Die Aushöhlung des israelischen Rechtsstaats hat zu tun mit der Art und Weise, wie Israel mit den Palästinensern umgeht. Zugleich hoffe ich auf eine Einsicht auf palästinensischer Seite, dass man Israel nicht mit Gewalt wegbekommt. Dass das niemals gelingen wird.

Natan Sznaider: Das hat man inzwischen, glaube ich, wirklich verstanden. Und ich meine, dass das das ultimative Ziel ist.

Navid Kermani: Umgekehrt auch. Die Palästinenser werden auch nicht verschwinden.

Natan Sznaider: Und die gegenseitigen Vernichtungsfantasien werden zu nichts führen.

Navid Kermani: Außer zur gegenseitigen Vernichtung.

Natan Sznaider: Das eigentliche Ziel des Zionismus war die Normalität der jüdischen Existenz durch Souveränität trotz der Existenz von Antisemitismus. Und dieses Dilemma konnte Israel noch nicht lösen.

Kristin Helberg: Wir sehen aktuell, dass beide Völker extrem viel Angst vor der anderen Seite haben, weil das Gefühl vorherrscht, sie erkennt sie existentiell nicht an.

Navid Kermani: Aber das ist auch nicht zu erwarten. Ich kann mir nicht vorstellen, dass jemand in Gaza im Augenblick überhaupt irgendwas wahrnimmt, außer dass er versucht, etwas zu essen zu bekommen und sich vor Bomben zu schützen.

Natan hat die israelische Seite eindrücklich geschildert. Deswegen können wir nicht an der Empathie ansetzen im Augenblick. Diese Regierung in Israel und auch die Vorgängerregierungen bis zurück zu Scharon, mit dem alles begann, sind stets angetreten mit dem Hauptargument der Sicherheit. Doch niemals haben Israelis unsicherer gelebt als jetzt.

Die Hamas ist angetreten, die Palästinenser zu befreien. Niemals waren Palästinenser unfreier als in diesen Stunden. Man muss gar nicht an die Empathie appellieren. Man muss an die Logik appellieren, dass mit einer Politik der maximalen Härte maximale Unsicherheit, maximale Unfreiheit erreicht wird. Das ist der Punkt, wo wir beide immer wieder zusammenkommen. Zu überlegen: Was hilft? Und ich glaube nicht, dass es Israel hilft, den Palästinensern auf Dauer jedwede staatliche Lebensexistenz abzusprechen. Umgekehrt ist bei den Palästinensern in den letzten Monaten vermutlich auch ein anderes Bewusstsein gereift.

Kristin Helberg: Im Kern führt uns das zurück zu der Erkenntnis: Ohne das Existenzrecht des Anderen kann es kein eigenes Existenzrecht geben.

Navid Kermani: Es ist ein so kleines Gebiet, geografisch so groß wie Hessen. Dass irgendwer denkt, man werde die Einen oder Anderen mehr oder weniger zum Schweigen bringen können, das ist absurd. Letztlich gibt es nur zwei Wege: einen Ausgleich zwischen beiden Parteien zu finden oder auf die Vernichtung beziehungsweise Vertreibung der jeweils Anderen zu setzen. Aber letzteres hätte zur Konsequenz, dass man mit der physischen Existenz der Anderen auch die eigene Menschlichkeit auslöscht.

Kristin Helberg: Herr Sznaider hat die Zerrissenheit beschrieben, diese Spaltung in der israelischen Gesellschaft. Mein Eindruck war, dass man unmittelbar nach dem 7. Oktober sehr eng zusammengerückt ist. Jetzt sieht man wieder, dass sich die Gräben vertiefen, dass rechtsextreme Kräfte und Positionen stärker werden. Steckt hinter diesem Riss nicht etwas Tieferes, nämlich zwei verschiedene Visionen für Israel?

Natan Sznaider: Diese Gräben sind nicht spezifisch für Israel, die haben Sie hier auch, und die haben Sie in den Vereinigten Staaten und in vielen Staaten der Welt. Die Selbstverständlichkeit einer demokratischen Grundordnung wird im Moment nicht nur in Israel infrage gestellt. Warten Sie mal ab, bis die nächsten Wahlen in Deutschland beendet sind, dann reden wir nochmal. Vielleicht sind wir vielen europäischen Ländern nur zwei Jahre voraus.

Kristin Helberg: Herr Kermani, blicken wir noch mal auf die Region. Sie haben die arabischen Nachbarn angesprochen. Die Katastrophe in Gaza ist Teil einer größeren, einer regionalen Katastrophe, auch historisch betrachtet. Sie sprechen in Ihren Texten immer wieder von dem Schlüsseljahr 1979, also der Islamischen Revolution im Iran.

Navid Kermani: Ich kann jetzt schlecht die Entwicklung der arabischen Welt der letzten dreißig Jahre zusammenfassen. Aber vielleicht eine Beobachtung. Vor mir in der ersten Reihe sitzt ein alter Kumpel, mit dem ich in Kairo studiert habe. Nach dem Abitur bin ich durch eine arabische Welt gereist, wo man mit dem Rucksack überall hinkam. Auch damals waren dies teilweise Diktaturen. Es war nicht alles schön, aber man war überall willkommen, egal, welche Religion man hatte. Das galt auch für meine Mitstudentinnen. Es war so toll, es waren tolle Städte. Jemen war unglaublich faszinierend. Das war ein Grund dafür, dass ich das Fach studiert habe. Später war ich als Reporter in vielen Ländern unterwegs. Das hatte damit zu tun, dass ich diese arabische Welt mochte.

Das ist jetzt zweiunddreißig, dreiunddreißig Jahre her. Ich will jetzt nicht kulturpessimistisch klingen, so: Ach, die Welt war früher besser. Aber in den letzten dreißig Jahren ist eine wirkliche, epochale Katastrophe passiert in dieser arabischen Welt, und über die arabische Welt hinaus. Denken Sie an Syrien, denken Sie an Afghanistan, Jemen, denken Sie an Sudan. Denken Sie an Libyen. Ich könnte das fortsetzen. Ägypten. Libanon. Ich nehme diese Entwicklung seit dreißig Jahren wahr als eine fortlaufende Katastrophe. Israel ist Teil dieses Nahen Ostens. Auch dort sehen wir eine Sakralisierung der Politik, wir sehen den Nationalismus, wir sehen das immer gewalttätigere Auftreten religiöser Kräfte, wir sehen gerade jetzt in den besetzten Gebieten die vielen Anschläge von Siedlern auf palästinensische Zivilisten, die nichts sind als Terrorismus.

Der Schlüssel, wenn wir mal ein bisschen utopisch denken, für eine Koexistenz von Juden und Arabern in dieser Region liegt darin, dass die arabische Welt, die islamische Welt die jüdische Existenz im Nahen Osten anerkennt, die ja auch eine uralte ist. Viele der größten arabischen Dichter waren Juden, viele der größten arabischen Philosophen waren Juden. Sie haben Arabisch geschrieben. Die arabische Philosophie ist wesentlich eine jüdische Philosophie. Das wird heute vollkommen negiert. Das lernt kein Kind mehr in der Schule, weder in Bagdad noch in Damaskus, noch in Kairo oder wo auch immer.

Umgekehrt lernen – Natan mag mir widersprechen – relativ wenige Israelis heute, dass ein Großteil der jüdischen Tradition eine arabische Tradition ist, dass die jüdische Existenz in der arabischen Welt oder in dieser Region nicht etwa 1948 begonnen hat, sondern lange vor dem Islam.

Dieses Ankommen Israels in der Region wahrzunehmen, das braucht vielleicht mehr als siebzig Jahre. Vielleicht braucht es hundert Jahre, zweihundert Jahre. Vielleicht wäre es ein Beginn, in der Entwicklung der jeweils anderen Gesellschaft einen Spiegel zu sehen dafür, was in den eigenen Gesellschaften passiert ist – also nicht zuerst den Radikalismus der Anderen zu beklagen, sondern den eigenen.

Natan Sznaider: Um das noch weiter zu spinnen. Vor dem 7. Oktober gab es eine kulturelle, soziale und auch wirtschaftliche Entwicklung und Annäherung zwischen der arabischen Bevölkerung innerhalb Israels, also den mehr als zwei Millionen Menschen, die israelische Staatsbürger sind, und den jüdischen Israelis. Eine gegenseitige Annäherung. Das heißt, die jüdische Bevölkerung ist in gewissem Sinne orientalischer und arabischer geworden, und die arabische Bevölkerung ist in vieler Hinsicht jüdischer geworden.

Das merkte man am Habitus, an Konsumwünschen, daran, wie man sprach, wie man sich anzog. Im Universitätsbereich, im Krankenhausbereich, bei den Ärzten, dem Krankenhauspersonal, den Apotheken, aber auch in den Medien, wo plötzlich mehr und mehr arabische Männer und Frauen auftauchten und fast akzentfrei, wenn nicht sogar mit akzentfreiem Hebräisch Nachrichten gesprochen haben. Es tat sich was. Auch in Paarbeziehungen gab es einen ungeheuren Wandel.

Es ist klar, dass diese gegenseitige Annäherung weder den radikalen Islamisten noch den radikalen Juden in Israel gepasst hat. Dort wurde viel dafür getan, das möglichst wieder auseinanderzudividieren. Denn solche Prozesse, was man früher mal Subpolitik genannt hat, sind enorm wichtig. Prozesse der gesellschaftlichen, kulturellen und wirtschaftlichen Annäherung, die die politischen Prozesse unterlaufen können.

Der 7. Oktober hat das eingefroren. Auch bei der arabischen Bevölkerung innerhalb Israels, die eine Abscheu hat vor der Hamas. Eine richtige Abscheu, weil etwa die Bewegung von arabischen Frauen in die Arbeitswelt und in andere Welten der Hamas nicht passt. Und natürlich haben auch säkulare arabische Männer einen wahnsinnigen Abscheu vor der Hamas. Auch deswegen ist der 7. Oktober eine Katastrophe ohne Gleichen, die uns zurückgeworfen hat, die uns traumatisiert hat, die die Region verändert hat.

Kristin Helberg: Trotzdem die Frage: Wie könnten sieben Millionen Juden und sieben Millionen palästinensische Muslime und Christen zusammenleben in diesem Gebiet, vom Jordan bis zum Meer? Was gibt es für eine Vision?

Navid Kermani: Die Zweistaatenlösung ist eine Chiffre geworden, um überhaupt irgendwann ins Gespräch zu kommen. Dass die Zweistaatenlösung nicht so funktionieren kann, wie sie vor zwanzig Jahren vielleicht hätte funktionieren können, ist klar. Es ist die vage Hoffnung, dass sich aus diesem Prozess heraus, den alle Zweistaatenlösung nennen, weil sie noch am wenigsten unwirklich erscheint, andere Lösungen ergeben, die wir vielleicht heute noch gar nicht denken können. Europa wäre ein Beispiel, wo Grenzen zwar da sind, aber irrelevant werden. Vielleicht lässt es sich in diese Richtung denken, wenn man überhaupt erst wieder über den Frieden zu denken beginnt.

Kristin Helberg: Herr Sznaider, wenn Sie vorhin gesagt haben, dass die israelische Zivilgesellschaft mehr Solidarität bräuchte und dass Israel so monolithisch gesehen wird, als ein aggressiver Staat, und sich gewünscht haben, dass wir das differenzierter betrachten: Würde das auch bedeuten, dass Deutschland seine Solidarität ausdifferenzieren müsste im Hinblick auf Israel?

Natan Sznaider: Auf keinen Fall.

Kristin Helberg: Also die israelische Regierung ist gleich der Zivilgesellschaft?

Natan Sznaider: Nein, das nicht. Aber ich glaube, es gibt hier andere Befindlichkeiten, die für andere Staaten nicht zutreffen. Sie wissen alle, dass es in diesem Verhältnis gewisse Tabus gibt, die man nicht brechen muss, solange man sie noch aufrechterhalten kann. Sie werden sowieso gebrochen. Aber Deutschland hat diese ganz besondere Verantwortung, die andere Staaten nicht haben. Und das sollten wir so belassen.

Danilo Scholz

Der Algerienkrieg als Matrix für den Nahostkonflikt? (II)

Gamal Abdel Nasser: Antagonistisches Bindeglied zwischen Algerien und Israel

Während seiner bis 1970 währenden Regierungszeit baute Präsident Gamal Abdel Nasser Kairo zu einem Drehkreuz der Dekolonisierung aus. Tatsächlich lässt sich ohne Ägypten die politische Geschichte der Verquickung von algerischem Unabhängigkeitskampf und palästinensischer Nationalbewegung nicht erzählen. Nassers politisches Erbe erwies sich für den Nahen Osten als zwiespältig – einige jüngere Untersuchungen würden sagen: verheerend.[1] Aber seine panarabische Weltanschauung bildet den *missing link* zwischen Algerien und Palästina. Schon bald nach dem militärischen Staatsstreich der sogenannten Freien Offiziere im Jahr 1952, der Nasser, zunächst offiziell als Juniorpartner, an die Schalthebel der Macht brachte, stellte man Kontakt zur algerischen FLN her, der man finanzielle und militärische Unterstützung zukommen ließ. Es war kein Zufall, dass die Provisorische Regierung der Algerischen Republik, die als Exilregierung dem Guerrillakampf der FLN internationale Legitimität verschaffen sollte, in Kairo ausgerufen wurde. Als afrikanische und asiatische Vertreter postkolonialer Staaten 1955 in der indonesischen Stadt Bandung zusammenkamen, um sich aus dem sowjetisch-amerikanischen Klammergriff des Kalten Krieges zu lösen, avancierte Nasser, inzwischen der mit eiserner Faust regierende starke Mann in Ägypten, zu einer der Schlüsselfiguren der Konferenz. Ein algerischer Historiker ging so weit, Bandung als zweite Geburt der FLN zu charakterisieren: Nach der Feuertaufe des Guerillakampfs betrat sie nun die diplomatische Bühne, wenn auch fürs Erste nur mit Beobachterstatus.

In Paris nahm man diese Entwicklung irritiert und mit wachsender Paranoia zur Kenntnis. In der Presse und in politischen Hinterzimmern nährte man in völliger Verkennung des algerischen Nationalbewusstseins Mutmaßungen, Nasser sei der eigentliche Strippenzieher hinter den subversiven Machenschaften und steuere insgeheim die FLN aus dem Ausland. Doch da war noch ein weiterer Punkt, den Nasser in Bandung auf die Tagesordnung setzte: das Schicksal der heimatlosen Palästinenser. Nasser war 1948 auf arabischer Seite nach Ausrufung der israelischen Unabhängigkeit gegen

1 Alex Rowell, *We Are Your Soldiers. How Egypt's Gamal Abdel Nasser Remade the Arab World*. New York: W. W. Norton & Company 2023.

den jüdischen Staat in den Krieg gezogen. Nach der Niederlage schlugen sich zahlreiche palästinensische Flüchtlinge nach Ägypten durch, einige von ihnen verschworen sich zu kleinen Einheiten – den Fedajin – und drangen mit Billigung Nassers, nicht zuletzt vom seinerzeit ägyptisch verwalteten Gazastreifen aus, mordend und brandschatzend in die Kibbuzim im Grenzgebiet ein. Dass Israel durch das Pochen auf die Rechte der Palästinenser in Bandung brüskiert würde, stand nicht zu befürchten – die arabischen Staaten hatten dafür Sorge getragen, dass Delegierte aus Jerusalem gar nicht erst zu der Konferenz eingeladen wurden. So machte sich Nasser vorsichtig formuliert weder in Paris noch in Jerusalem Freunde.

Angesichts des ägyptischen Unruhefaktors sondierten die Regierungen in Israel und Frankreich hinter verschlossenen Türen Möglichkeiten für eine stärkere militärische Kooperation. Tatsächlich nahm das Volumen der französischen Rüstungsexporte so zügig wie kontinuierlich zu. Hauptprofiteure waren die israelische Luftwaffe, die nach anfänglichem Zögern mit modernsten Kampfflugzeugen aus französischer Fertigung versorgt wurde, sowie das geheime israelische Atomprogramm, in das französisches Knowhow einfloss.

Doch das eigentliche Pulverfass stand auch weiterhin in Ägypten. Nasser spielte mit dem Feuer, und jemand musste ihm die Grenzen aufzeigen – daran gab es für viele israelische Entscheidungsträger in Politik und Militär kaum einen Zweifel. 1954 führte der israelische Nachrichtendienst eine Geheimoperation durch, für die ägyptische Juden rekrutiert wurden, um Bombenanschläge in Kairo und Alexandria zu verüben. All dies lief unter falscher Flagge, da die Attentate der Muslimbruderschaft und den ägyptischen Kommunisten in die Schuhe geschoben werden sollten. Das zu erwartende Chaos, so das israelische Kalkül, würde Nassers Regime destabilisieren. Der Plan flog jedoch auf, die Verdächtigen wurden festgenommen und vor Gericht gestellt, einige von ihnen zum Tode verurteilt. Bis heute ist nicht geklärt, wie tief die israelische Regierung in die Anschlagspläne verstrickt war.[2] Der israelische Verteidigungsminister Pinchas Lawon wurde als Bauernopfer bestimmt und musste seinen Hut nehmen.

Ob der nächste Versuch, der renitenten Regionalmacht Ägypten die Flügel zu stutzen, gelingen würde, war eine Frage des Timings und der Partner. Einen Vorwand lieferte Nasser, als er im Juli 1956 den Suez-Kanal verstaatlichte, der bislang von einem mehrheitlich britisch-französischen Konsortium betrieben wurde. In der »Dritten Welt« feierte man einen Akt nationaler

2 Shabtai Teveth, *Ben-Gurion's Spy. The Story of the Political Scandal That Shaped Modern Israel*. New York: Columbia University Press 1996.

Selbstbehauptung und das Ende kolonial-kapitalistischer Seilschaften, in Europa war Nasser nun endgültig als Wiedergänger Hitlers abgestempelt, der internationale Abkommen missachtete und Vereinbarungen behandelte, als wären sie das Papier nicht wert, auf dem sie gedruckt wurden. Ungestraft wollte man ihn daher nicht davonkommen lassen, zumal die Regierung in Paris sich der Illusion hingab, dass, sobald Nasser aus dem Weg geräumt wäre, auch die Insurrektion der FLN in Algerien wie ein Kartenhaus in sich zusammenfallen würde.

So heckten im Oktober 1956 führende Vertreter der britischen, französischen und israelischen Regierung eine militärische Vergeltungsoperation aus. Israel marschierte im Sinai ein, Frankreich und Großbritannien stellten den Kriegsparteien ein Ultimatum, das Ägypten ablehnen musste und der wiederbelebten Entente cordiale Grund genug war, selbst militärisch in den Konflikt einzugreifen – offiziell natürlich nur, um die Sicherheit des Schiffsverkehrs im Suez-Kanal zu gewährleisten. Die demoralisierten ägyptischen Streitkräfte standen am Rand einer Niederlage, als die beiden Supermächte USA und UdSSR dem Treiben – »a policy of reasserting by force colonial control«, entfuhr es dem amerikanischen Außenminister John Foster Dulles – nach gut einer Woche ein Ende machten. Für Israel, Großbritannien und Frankreich, die sich nach blitzartigen Erfolgen bereits auf der Siegerstraße wähnten, war das ein Fiasko. Der Weltöffentlichkeit bot sich der Anblick zweier siechender Kolonialmächte, die sich mehr und mehr an ihren Überseeambitionen verhoben. Dass Israel mit ihnen paktierte, beschädigte die internationale Reputation des Landes. Nasser dagegen triumphierte, militärisch schon geschlagen, politisch als Fackelträger des Antikolonialismus. Der erste angriffslustige politische Aufsatz, den der junge Student Edward Said 1956 im *Daily Princetonian* unterbrachte, befasste sich mit der Suez-Krise.

Die Schmach von Suez tat dem französisch-israelischen Rapprochement einstweilen keinen Abbruch. Glaubte man Jacques Soustelle, dem Generalgouverneur in Algier, hing die Zukunft der gesamten Mittelmeerregion von zwei Eckpfeilern ab: Französisch-Algerien und Israel. Sollte einer von ihnen zusammenbrechen, sähe es düster aus. Im Oktober 1957 handelte Schimon Peres eine Vereinbarung aus, in der Frankreich Israel seine Unterstützung beim Bau eines Atomreaktors in der Negev-Wüste zusagte, der um 1963 in Betrieb ging. Frankreich selbst testete 1960 erstmals erfolgreich einen Nuklearsprengkopf, selbstredend nicht zuhause in Europa, sondern in der algerischen Wüste.

Statt zu fragen, ob der Algerienkrieg als Folie für den Israel-Palästina-Konflikt taugt, ließe sich der Spieß allerdings auch umdrehen. Konnte das in Algerien in Bedrängnis geratene Frankreich sich die ein oder andere Sache von Israel abschauen? Spitzenbeamte in Paris trugen sich mit dem Gedanken, wenigstens einen Teil des französischen Überseereichs in Nordafrika zu retten.[3] Alain Peyrefitte, ein enger Berater von de Gaulle, ließ sich unter anderem vom UN-Teilungsplan für Palästina aus dem Jahr 1947 inspirieren und schlug vor, Algerien in einen französischen und einen überwiegend arabischen Teil aufzutrennen, wie er in einer Artikelserie in *Le Monde* ausführte, die kurz darauf in Buchform erschien.[4] Bei einem Staatsbesuch in Frankreich 1960 hatte David Ben-Gurion diese Idee de Gaulle ebenfalls unterbreitet – aufgehen könne dieser Plan aber nur, so der israelische Ministerpräsident, wenn massenhaft französische Siedler nach Algerien auswanderten, um die demografische Oberhand zu behalten, und willens seien, als Soldaten im Land zu dienen.[5] Ganz wohl war de Gaulle bei der Vorstellung, ein »französisches Israel« in Algerien aus dem Boden zu stampfen, nicht, zumal die *pieds-noirs* anders als die jüdischen Siedler keine historischen Wurzeln in dem Land hatten. Die nationale Heimstätte der Algerienfranzosen bleibe nun mal Frankreich.[6] Er ließ Peyrefitte abblitzen, und Biografen bezweifeln, dass das Teilungsansinnen für den französischen Präsidenten je mehr war als eine Hinhaltetaktik, um Zeit bei den Verhandlungen über die unvermeidliche Unabhängigkeit eines ungeteilten Algerien zu gewinnen.[7]

Um die guten Beziehungen zu Frankreich nicht unnötig zu belasten, stimmten die Vertreter Israels in den Vereinten Nationen zuverlässig gegen fast alles, was sich als Forderung nach algerischer (aber auch tunesischer und marokkanischer) Selbstbestimmung konstruieren ließ.[8] Als Algerien nach der Unterzeichnung der Verträge von Evian 1962 in den Klub der souveränen Staaten aufgenommen wurde, sann man auf Heimzahlung. Im Jahrzehnt nach der Unabhängigkeit, die zügig von Israel anerkannt wurde, ergriffen algerische Diplomaten jede Chance, die sich ihnen bot, um auf dem internationalen Parkett, ob im Rahmen der UNO oder der Blockfreien-Bewegung, die ab 1961 den Impuls von Bandung kanalisierte und verstetigte,

3 Arthur Asseraf, *»A New Israel«: Colonial Comparisons and the Algerian Partition That Never Happened*. In: *French Historical Studies*, Nr. 41/1, 2018.

4 Alain Peyrefitte, *Faut-il partager l'Algérie*? Paris: Plon 1962.

5 Tom Segev, *A State at Any Cost. The Life of David Ben-Gurion*. New York: Farrar, Straus & Giroux 2019.

6 Alain Peyrefitte, *C'était de Gaulle*. Paris: Gallimard 2002.

7 Julian Jackson, *De Gaulle*. Cambridge/Mass.: Harvard University Press 2018.

8 Michael M. Laskier, *Israel and Algeria amid French Colonialism and the Arab-Israeli Conflict, 1954–1978*. In: *Israel Studies*, Nr. 6/2, Sommer 2001.

gegen Israel Stimmung zu machen und den »Judenstaat« in pechschwarzen Farben zu malen.[9]

Unterdessen trieb Nasser in Ägypten weiter seine panarabische Vision voran. Aus der waren Ausfälle gegen Israel und ständiges Säbelrasseln offenbar nicht wegzudenken. Der Radiosender »Stimme der Araber« sendete aus Kairo zunehmend schrillere antisemitische Töne. Routiniert wurde der Holocaust verharmlost oder geleugnet – auch Nasser ging *on the record* mit seiner Skepsis gegenüber der Zahl von 6 Millionen ermordeten Juden. Zur Hand gingen dem Regime dabei bewährte Kräfte. So heuerte auch Leopold von Mildenstein bei »Stimme der Araber« an, der sich als Nahostexperte seine Sporen in Goebbels' Propagandaministerium verdient hatte und sich nun auf das Finetuning der anti-israelischen Kampagnen verlegte. Zudem verschaffte man der palästinensischen Sache in der ägyptischen Hauptstadt eine Bühne.

Fayez Sayegh und das Zerrbild vom zionistischen Kolonialismus

Auf ihrem ersten Gipfeltreffen 1964 in Kairo regte die Arabische Liga die Gründung einer Vereinigung an, die für das gesamte palästinensische Volk sprechen sollte – aus dieser Initiative ging die Palestine Liberation Organization (PLO) hervor, die ab 1965 in Beirut ein eigenes Forschungszentrum unterhielt.[10] In *The Question of Palestine* betont Edward Said, wie viel er den Rechercheressourcen der PLO zu verdanken hat.[11] Mit ihnen wurden »interpretive agencies« zugänglich gemacht, die der palästinensischen Diaspora ihre Stellung in einem globalen Netzwerk von Dekolonisierungsbewegungen zu Bewusstsein brachten und Israel nicht nur als Kolonialmacht, sondern als kolonialen Siedlerstaat entlarvten: »Der zionistische Siedler in Palästina verwandelte sich rückblickend« von »einem unerbittlich schweigenden Herrn in ein Pendant zu den weißen Siedlern in Afrika; die Einstellungen ihm gegenüber erwiesen sich alsbald als mobilisierbare Kraft«. Einer der Gründerväter des PLO-eigenen Forschungszentrums war Fayez Sayegh, der mit seiner persönlichen Biografie die Kollateralschäden der israelischen Staatsgründung beglaubigen konnte. Seine Familie verlor

9 Jürgen Dinkel, *Die Bewegung Bündnisfreier Staaten. Genese, Organisation und Politik (1927–1992)*. Berlin: de Gruyter 2015.

10 Für eine aufschlussreiche Fallstudie, die Beiruts Rolle als intellektuelles Zentrum der arabischen Welt herausstreicht, vgl. Yvonne Albers, *Beirut und die Zeitschrift Mawaqif. Eine arabische Intellektuellengeschichte, 1968–1994*. Leiden: Brill 2023.

11 Während des Libanonkriegs plünderten Soldaten der IDF 1982 die Archivbestände des PLO-Forschungszentrums. Dabei wurden zahlreiche Dokumente beschlagnahmt oder zerstört.

während des Unabhängigkeitskrieges ihr Hab und Gut in der am Ufer des See Genezareth gelegenen Stadt Tiberias, sein Bruder verbrachte ein Jahr in israelischer Kriegsgefangenschaft, und Sayegh selbst konnte zeitlebens nie wieder einen Fuß in seine Heimat setzen.

Sowohl Sayegh als auch Said standen in jungen Jahren unter dem Einfluss des charismatischen Charles Malik, eines kosmopolitischen libanesischen Philosophen und Intellektuellen, der bei Heidegger in Freiburg und bei Whitehead in Harvard studiert hatte, bevor er die Politik für sich entdeckte. Als wäre es nicht genug, dass sein Name unter den Gründungsunterzeichnern der Charta der Vereinten Nationen auftaucht, feilte er an der Seite von Eleonore Roosevelt bis zum Schluss an der 1948 verkündeten Allgemeinen Erklärung der Menschenrechte. Malik nahm Sayegh unter seine Fittiche und führte ihn in diplomatische Kreise ein, wo dieser als Delegierter arabischer Staaten bei der UN unermüdlich für die palästinensische Sache trommelte. Dazu kam die öffentliche und mediale Präsenz: Im Jahr 1959 brüstete Sayegh sich damit, an mehr als einhundertfünfzig amerikanischen Hochschulen gesprochen zu haben und in mehr als zweihundert Radio- und Fernsehsendungen aufgetreten zu sein. Aus seinen Studientagen hatte er sich sein stupendes Lesepensum bewahrt. Besonders der Existentialismus, Gegenstand seiner Doktorarbeit an der Georgetown University, und die Philosophie Sartres hatten es ihm angetan. Spätestens durch dessen Vorwort in *Die Verdammten der Erde* wurde ihm auch der Name Fanon geläufig. Sayegh nahm sich vor, Sartres Rundumschlag gegen Kolonialismus und Rassismus auf den Zionismus auszuweiten, um den Nachweis zu führen, dass, was für Algerien galt, auch auf den Israel-Palästina-Konflikt zutreffe.[12]

Das Ergebnis war die 1965 unter der Schirmherrschaft der PLO erschienene Brandschrift *Zionist Colonialism in Palestine*, die zur Blaupause für die Verteufelung Israels wurde. Sayegh ging es nur vordergründig darum, die Verflechtungsgeschichte von Zionismus und kolonialer europäischer Ideologie auszuleuchten.[13] Ihm war vielmehr daran gelegen, den jüdischen Staat als Ganzes zu delegitimieren. Sein Werk enthält sämtliche heute sattsam bekannten anti-israelischen Schachzüge, geballt zu einer rhetorisch dichtgestaffelten Generalabrechnung. Sayegh setzt mit einem Paukenschlag ein. Während der Kolonialismus weltweit im Rückzug begriffen sei, widersetze eine Außenstelle sich diesem historischen Trend: Israel. Über mögliche Ein-

12 Yoav Di-Capua, *No Exit. Arab Existentialism, Jean-Paul Sartre & Decolonization.* University of Chicago Press 2018.

13 Ethan B. Katz/Lisa Moses Leff/Maud S. Mandel (Hrsg.), *Colonialism and the Jews*. Bloomington: Indiana University Press 2017.

wände geht er unverdrossen hinweg. Auf den Hinweis, die jüdischen Siedler in Palästina wüssten keine starken europäischen Staaten hinter sich, sondern wären in ihren Herkunftsländern nicht selten eine verfolgte Minderheit, entgegnet Sayegh, dass es zu den Eigentümlichkeiten des zionistischen Kolonialismus gehöre, das Heimatland erst im Akt der Kolonialisierung Wirklichkeit werden zu lassen.

Dass Israel selbst aus einer antikolonialen Erhebung gegen die britische Mandatsmacht erwachsen ist, die immer wieder die Emigration verfolgter Juden aus dem nationalsozialistischen Herrschaftsbereich hintertrieb, indem sie ihnen die Einreise nach Palästina erschwerte, weist Sayegh kategorisch zurück. Dabei sprechen die Aktionen von zionistischen Untergrundorganisationen wie der Lechi, die sich in die Tradition des militanten irischen Republikanismus stellte, eine deutliche Sprache.[14] Lechi-Gründer Avraham Stern übersetzte Patrick S. O'Hegartys *The Victory of Sinn Féin* (1924), eine Chronik des irischen Unabhängigkeitskampfs gegen die britische Vorherrschaft aus Sicht eines Beteiligten, sogar ins Hebräische. Die britische Regierung trat nicht zuletzt infolge von Bombenanschlägen wie dem auf das Jerusalemer King David Hotel vom 22. Juli 1946 entmutigt den Rückzug aus Palästina an. Das Attentat auf ein Gebäude, in dem auch Teile der britischen Kolonialverwaltung untergebracht waren, forderte 91 Menschenleben und ging auf das Konto der vom späteren Ministerpräsidenten Menachem Begin geführten Irgun.[15]

Ein gewisser Stolz auf das Erreichte war jenen Drahtziehern und Helfershelfern solcher radikalzionistischen Terroranschläge auf britische (aber auch palästinensisch-arabische) Ziele, die 2004 in der BBC-Doku *Empire Warriors* zu Wort kamen, noch immer anzumerken.[16] Die Schockwellen der Attentate waren so groß, dass der Historiker und Politikwissenschaftler Richard English die These vertrat, die »Errichtung des Staates Israel« sei »wohl eines der eindrücklichsten Beispiele« dafür, dass »der Terrorismus tatsächlich bedeutende Erfolge erzielen kann«.[17] Diese in Teilen antikoloniale Stoßrichtung der israelischen Staatsgründung ist für Sayegh Augenwische-

14 Dan Diner, *Ein anderer Krieg. Das jüdische Palästina und der Zweite Weltkrieg 1935–1942*. München: DVA 2021.

15 In seiner Autobiografie *Long Walk to Freedom* (1994) listet Nelson Mandela *The Revolt* (1951), Menachem Begins Apologie terroristischer Taktiken im Kampf gegen die Briten, als eine Fibel des Widerstands, an der sich auch der ANC in seinem Aufbegehren gegen das Apartheidregime in Südafrika orientierte.

16 *Empire Warriors. The British Empire At War 1945–1967*. Folge 2: *The Jewish War*. BBC, 2004.

17 Richard English, *Does Terrorism Work? A History*. Oxford University Press 2016.

rei und sei noch dazu von der kolonialen Landnahme, der Vertreibung der Palästinenser und der israelischen Komplizenschaft mit den einstigen britischen Zwingherren während der Suez-Krise konterkariert worden.

Zwar wies Sayegh Annäherungsversuche von Antisemiten alter Schule ein ums andere Mal ab und schlug die Hände über dem Kopf zusammen, wenn arabische Diplomaten auf Podien neben Holocaustleugnern Platz nahmen oder von jüdischen Weltverschwörungen salbaderten. Dafür befeuerte er umso vehementer die Dämonisierung Israels: Sayegh kann sich das dubiose Verdienst anrechnen, die Gleichsetzung von Zionismus und Rassismus massentauglich gemacht zu haben. In dieser Hinsicht, so Sayegh, übertrumpfe Israel sogar die französischen Siedlerkolonien in Nordafrika. Während für die Einheimischen in Algerien »Rassendiskriminierung« gang und gäbe war, laufe der israelische Siedlerkolonialismus auf die »rassische Eliminierung« der Palästinenser hinaus.[18] Der Zionismus habe es auf die »›Endlösung‹« der »›Araberfrage‹« in Palästina abgesehen. Wenn Israel sich angeblich anschickt, den Palästinensern das anzutun, was die Nazis den Juden angetan haben, schließt sich der Kreis des imaginären Rollentauschs von Opfer und Täter. Es ist müßig, hinzuzufügen, dass Sayegh Israel keinerlei Daseinsberechtigung zubilligte und die Existenz dieses (und nur dieses) Nationalstaats unter Vorbehalt stellte – mit Entfristung war nicht zu rechnen.

Jüdische Organisationen in den Vereinigten Staaten waren bereits zuvor gegen Sayeghs Aktivismus Sturm gelaufen.[19] Je umtriebiger er in den 1950er Jahren den *lecture circuit* bespielte, desto alarmierter zeigten sich die amerikanischen Freunde Israels. Die Gegenreaktion folgte dann auch auf dem Fuß. Earl Raab, der Vorsitzende des Jewish Community Relations Council (JCRC) in San Francisco, durchforstete 1956 Sayeghs Stellungnahmen und wurde auf der Suche nach Passagen, in denen dieser dem klassischen Judenhass das Wort redete, nicht fündig. Vielmehr meinte er es mit einem neuen israelbezogenen »Antisemitismus über Umwege« zu tun zu haben. Bis spätestens 1974 hatten zwei führende Mitglieder der Anti-Defamation League, die lange an Sayeghs Medientauglichkeit verzweifelt waren, das vage Unbehagen auf eine apodiktische Formel gebracht, die auf die Gleichsetzung von Zionismus und Rassismus spiegelbildlich antwortete: Antizionismus, egal in welcher Spielart, ist Antisemitismus.[20]

18 Fayez Sayegh, *Zionist Colonialism in Palestine*. Beirut: PLO Research Center 1965.

19 Geoffrey Levin, *Our Palestine Question. Israel and American Jewish Dissent, 1948–1978*. New Haven: Yale University Press 2023.

20 Arnold Forster/Benjamin R. Epstein, *The New Anti-Semitism*. New York: McGraw Hill 1974.

Dessen ungeachtet war den Verleumdungen aus *Zionist Colonialism in Palestine* eine außergewöhnliche Karriere beschieden. Als Delegierter Kuwaits bei den Vereinten Nationen machte es sich Sayegh zur Aufgabe, hinter seinem Weltbild Mehrheiten zu versammeln. Auf sein Betreiben hin verabschiedete die UNO 1975 eine Entschließung, die Zionismus als »eine Form des Rassismus« brandmarkte. Die Länder der »Dritten Welt«, Algerien einbegriffen, hatten praktisch geschlossen für die Vorlage votiert. Für Kofi Annan markierte die Resolution 3379, die erst 1991 zurückgenommen wurde, einen Tiefpunkt in der Geschichte der Vereinten Nationen. Doch Sayeghs postumer Marsch durch die akademischen Institutionen unter dem Banner des *settler colonialism* stand erst an seinem Anfang. Historiker, die unterschiedliche Formen der Siedlungskolonisation umsichtig nach ihren geschichtlichen Zusammenhängen differenzierten, haben unverzichtbare Begriffs- und Verständnisarbeit geleistet, die nicht genug zu würdigen ist.[21] Parallel dazu etablierte sich im englischsprachigen Raum im Umfeld der Zeitschrift *Settler Colonial Studies* indes eine Subdisziplin, die mit dem Namen des 2016 verstorbenen australischen Historikers Patrick Wolfe verbunden ist und dem Aktivismus zuweilen den Vortritt vor der Analyse lässt. 2012 kürte die Zeitschrift Sayegh zu einem ihrer Säulenheiligen und druckte Auszüge aus *Zionist Colonialism in Palestine* mit einer neuen Einleitung ab – das Pamphlet hat sich zum Gründungsdokument des Fachs gemausert.

Les Temps Modernes und der Sechstagekrieg

In jüngster Zeit ist Jean-Paul Sartre als natürlicher Verbündeter des militanten palästinensischen Aufgebehrens gegen eine als kolonial unterstellte israelische Übermacht in Beschlag genommen worden.[22] Der Zerrissenheit

21 Caroline Elkins / Susan Pedersen (Hrsg,), *Settler Colonialism in the Twentieth Century. Projects, Practices, Legacies.* London: Routledge 2006; Jan C. Jansen / Jürgen Osterhammel, *Kolonialismus. Geschichte, Formen, Folgen.* München: Beck 2012: »Die Begriffe ›Kolonisation‹ und ›Kolonie‹ sollten […] nicht zu eng miteinander identifiziert werden. Es gibt Kolonisation ohne Koloniebildung: die in der Geschichte häufig auftretende Situation der Grenzkolonisation. Es gibt aber auch Koloniebildung, die nicht aus Kolonisation folgt, sondern ihre Ursache in militärischer Eroberung hat, die statt auf dem Pflug auf dem Schwert beruht. Zwischen beiden ›idealtypisch‹ reinen Fällen steht die Siedlungskolonisation ›afrikanischen‹ Typs (am deutlichsten ausgeprägt in Algerien), bei welcher die Eroberung die Voraussetzung für Siedlung in großem Stil schuf.«

22 Oliver Gloag, *Jean-Paul Sartre Took a Stand Against Empire.* In: *Jacobin* vom 20. August 2021.

Sartres angesichts des Israel-Palästina-Konflikts werden diese Vereinnahmungsversuche nicht gerecht, wie auch Fayez Sayegh schon in den 1960er Jahren zu seinem Bedauern feststellen musste. Sartre bekannte sich von Beginn an zum Staat Israel, was seinem Engagement für die Algerier in keiner Weise widersprach: *Israël, Algérie, même combat*. Diese Haltung war in seinem engeren Umfeld durchaus kein Einzelfall. Claude Lanzmann zog ebenfalls Parallelen zwischen dem Unabhängigkeitskampf der FLN und der Staatsgründung Israels. Die Analogiebildung zur algerischen Befreiungsbewegung unterlag also keinem Automatismus, sondern konnte in beide Richtungen ausschlagen und sich sowohl auf die Palästinenser als auch auf die Israelis erstrecken, wenngleich die zweite Konstellation weitaus seltener anzutreffen war und vielleicht gerade deshalb historiografische Aufmerksamkeit verdient.

Geradezu spektakulär ungewöhnlich verlief die Lebensbahn von Abder Razak Abdel-Kader. In Damaskus geboren, schloss er sich im Zweiten Weltkrieg dem gaullistischen Widerstand an, bevor er in Richtung Palästina loszog, um als Freiwilliger auf der jüdischen Seite im israelischen Unabhängigkeitskrieg zu kämpfen. Die Hagana-Miliz, Vorläufer der IDF, wies ihn zwar ab, aber davon ließ sich Abdel-Kader nicht abschrecken. Er fasste in einem Kibbuz Fuß und heiratete eine jüdische Marxistin. Der nächste Waffengang stand 1954 vor der Tür, diesmal ging es nach Algerien, wo die Unabhängigkeitsbewegung jeden Beistand gebrauchten konnte. Die FLN fand Verwendung für Abdel-Kader und beorderte ihn als Gesandten nach Westdeutschland und in die Schweiz. 1961 veröffentlichte er das Buch *Le Conflit judéo-arabe*, in dem er die algerischen Freiheitskämpfer aufforderte, sich mit Israel zu solidarisieren, um gemeinsam die Vorhut des globalen Dekolonisierungsprozesses zu bilden und Nasser sowie dessen panarabischen »Chauvinismus« endgültig aufs Abstellgleis der Weltgeschichte zu schieben.[23] Die jüdische Besiedlung Palästinas wies seiner Einschätzung nach allenfalls oberflächliche Ähnlichkeiten zur französischen Landnahme in Algerien auf. Gleichzeitig hielt er der israelischen Regierung ihre Animosität gegenüber den algerischen Guerilleros vor. Die anfängliche Begeisterung für die algerische Unabhängigkeit verflog jedoch rasch, da die neuen Machthaber keine Zeit verloren, um Abweichler dingfest und unschädlich zu machen. Abdel-Kader wappnete sich ein drittes Mal für die Untergrundexistenz, als algerische Sicherheitskräfte ihn aufgriffen und inhaftierten. Nach seiner Entlassung aus dem Gefängnis war er regelmäßig in Frankreich zu Gast, wo er mit Lanzmann und Sartre verkehrte.

23 Rabi, *Un Arabe parle aux Juifs*. In: *Esprit*, Nr. 305, April 1962.

Lanzmanns Hoffnungen auf eine israelisch-algerische Avantgarde des Freiheitskampfs zerschlugen sich im selben Zeitraum. Ernüchterung stellte sich ein, als die Regierung des unabhängigen Algerien ihre Abscheu gegenüber Israel fast schon zu einem geopolitischen Markenzeichen machte. Ahmed Ben Bella, so erinnerte sich Lanzmann, der als Augenzeuge zugegen war, verkündete in einer seiner ersten Reden als Staatschef, dass »das eben geborene Algerien keine Ratsuchenden in den Nahen Osten entsenden würde«, sondern »hunderttausend Mann, um Palästina zu befreien«. Lanzmann zog die Reißleine: »Ich hatte geglaubt, man könnte gleichzeitig für die Unabhängigkeit Algeriens und die Existenz des Staates Israel sein. Ich hatte mich getäuscht.«[24] Obwohl er seine Annäherungsversuche an den revolutionären Antikolonialismus nie bedauerte, war dieses Kapitel seines Lebens nun abgeschlossen. Man muss sich Lanzmanns zionistischen Abgesang auf den *tiers-mondisme* nicht zu eigen machen, aber wenn Adam Shatz in seiner glänzenden Fanon-Biografie schwadroniert, dass der Autor der *Verdammten der Erde* aller Wahrscheinlichkeit nach »Lanzmanns Schwärmerei für den weltweit letzten verbliebenen siedlerkolonialen Staat« nicht gutgeheißen hätte, ist das die Spekulation eines bekennenden Antizionisten.

1967 widmete die Zeitschrift *Les Temps Modernes* dem »israelisch-arabischen Konflikt« ein Themenheft, das mit mehr als neunhundert Seiten in jeder Hinsicht schwergewichtig daherkam. Sartre, Lanzmann und Simone de Beauvoir hatten im Vorfeld im Nahen Osten eine regelrechte Shuttle-Diplomatie betrieben, um keine neutrale, aber doch ausgewogene Mischung von arabischen, namentlich palästinensischen, und jüdisch-israelischen Autoren im Heft unterzubringen. In Ägypten sprach das Trio mehr als drei Stunden mit Präsident Nasser, dem Sartre Respekt zollte, schließlich handelte es sich in seinen Augen um eine waschechte anti-imperialistische Ikone. Der nächste Stopp war Israel, wo eine Unterredung mit Ministerpräsident Levi Eschkol anstand. Sartre fand noch Zeit für ein Treffen mit Fayez Sayegh, um dessen unverbindlich zugesagten Beitrag zum Heft zu besprechen. Doch Sayegh, der lautstark mit der seiner Meinung nach flagranten ideologischen Voreingenommenheit der Ausgabe haderte, reichte letzten Endes keinen Text ein. Inhaltlich füllte Maxime Rodinson, ein französisch-jüdischer Soziologe und ausgewiesener Kenner der arabischen Welt, diese Lücke. In seinem Artikel *Israël, fait colonial?* betrachtete er die moderne jüdische Besiedlung Palästinas als eine Variante europäischer Überseeherrschaft und drängte zugleich auf eine unblutige Beilegung des Konflikts. 1973

24 Claude Lanzmann, *Der patagonische Hase. Erinnerungen*. Aus dem Französischen von Erich Wolfgang Skwara u.a. Reinbek: Rowohlt 2010.

erschien die englische Fassung unter dem Titel *Israel: A Colonial-Settler State?* und wirkte bereits schulbildend – Said zitierte das Werk in *The Question of Palestine*, als Sayegh noch ein Geheimtipp unter Eingeweihten war.[25] Sartre selbst beschränkte sich auf ein Editorial, das ersichtlich um Ausgleich bemüht war und um Verständnis für das europäische Amalgam von Schuld- und Verantwortungsgefühl im Hinblick auf Israel warb, ohne sich anzubiedern: »So sind wir allergisch gegen alles, was auch nur im Entferntesten nach Antisemitismus aussieht. Darauf werden viele Araber antworten: ›Wir sind nicht antisemitisch, sondern anti-israelisch.‹ Wahrscheinlich haben sie Recht: Aber können sie verhindern, dass diese Israelis für uns auch Juden sind?«

Nur wenige Tage nach Erscheinen des Themenhefts von *Les Temps Modernes* griff Israel Ägypten an. Während die ägyptischen Piloten am Boden ihr Frühstück einnahmen, zerstörten die IDF mit einer Reihe von präzise getimten Überraschungsattacken die Luftwaffe Nassers binnen drei Stunden fast vollständig. Es war der Auftakt für den Sechstagekrieg, der in der Bundesrepublik oft als Wendepunkt für die anti-imperialistische Linke beschrieben wird, die nun Israel als Aggressor beschimpfte und dabei die Grenze zum Antisemitismus gelegentlich überschritt. In Frankreich war die Lage vor allem unübersichtlich. Präsident de Gaulle schockierte die Israelis, als er 1967 ein Waffenembargo über die Region – also auch gegen Israel – verhängte und seine Präferenz für die arabischen Staaten durchblicken ließ.

Dieser Sinneswandel kam nicht aus heiterem Himmel. Die ersten Risse im Verhältnis von Paris und Tel Aviv offenbarten sich unmittelbar nach der Unabhängigkeit Algeriens. Ohne den kolonialen Ballast konnte Frankreich nun wieder halbwegs glaubwürdig seine traditionelle Rolle als mehr oder minder ehrlicher Makler in der arabischen Welt spielen. Diese Risse vertieften sich im Vorfeld des Sechstagekriegs zu einer Kluft. In Zukunft drohten wichtige Ersatzteile für die IDF knapp zu werden. Im Zuge dieser Entfremdung sprangen die Vereinigten Staaten in die Bresche, die zuvor bereits Unterstützung geleistet hatten und nun zum mit Abstand wichtigsten strategischen Sicherheitspartner Israels wurden. Zum Entsetzen seiner westlichen Partner legte de Gaulle noch eins drauf und irrlichterte mit Stellungnahmen zum israelischen »Imperialismus« und dem »Kolonialkrieg«, den das Land vom Zaun gebrochen habe. In einer Pressekonferenz im November 1967 verunglimpfte der französische Staatspräsident Juden als ein »selbstsicheres und herrschsüchtiges Elitevolk«. Viele sahen darin einen Tabubruch, manche haben dem General diese Bemerkungen nie verziehen.

25 Maxime Rodinson, *Israel: A Colonial-Settler State?* New York: Pathfinder 1973.

Den Soziologen Raymond Aron brachten die erratischen Kommuniqués des Staatschefs derart aus der Fassung, dass er erstmals auf systematische Weise seine jüdisch-französische Identität umkreiste und ihre Konturen näher zu bestimmen suchte.[26] Im Voraus nicht abzusehen war, dass Aron im Zuge dieser Selbstvergewisserung obendrein sein Urteil über Albert Camus' Sichtweise auf den Algerienkrieg revidieren würde. Camus' unbequemer und vielgescholtener Position »zwischen den Stühlen«, die dem Terror auf beiden Seiten eine Absage erteilte und der es vor den reaktionären Ultras auf Seiten der europäischen Siedler genauso schauderte wie vor den eifernden Sprengfallenbauern der FLN, hat Claus Leggewie unlängst im Licht des 7. Oktober eine unverhoffte Aktualität attestiert – und zwar gerade weil Camus, der aus einer Familie von *pieds-noirs* stammte, sich weigerte, blindlings auf den Zug der Dekolonisierung aufzuspringen.[27]

Dem Gedächtnis der Nachwelt hat sich vor allem sein Ausruf eingeschrieben, dass ihm im Zweifelsfall die Unversehrtheit seiner in Algier lebenden Mutter wichtiger sei als herbeigebombte historische Gerechtigkeit für ein unabhängiges Algerien. Es wäre vielleicht beruhigend, wenn, wie Leggewie nahelegt, allein die Extremisten links und rechts von Camus den Mann der Mitte und der Verständigung wegen solcher Aussagen in die Enge und die Einsamkeit getrieben hätten. Heftiges, ja wütendes Unverständnis erntete Camus damals aber zunächst vom Musterbeispiel politischer Mäßigung. Raymond Aron blieb es lange ein Rätsel, warum Camus seiner Nostalgie für das Algerien seiner Kindheit nachgab und dabei die Gebote der politischen Klugheit missachtete. Die Appelle an die Gerechtigkeit, der aufrichtige Großmut hinter dem Vorschlag eines Algerien für alle, die andächtige Emphase – all das sei sicher gut gemeint, schäumte Aron, aber letztlich gelange Camus damit nicht über die »Geisteshaltung eines gutwilligen Kolonialisten« hinaus.[28] Wer auf Fragen nach Herrschaft und kollektiver Gewalt mit Floskeln über die Zuneigung zu seiner Mutter antworte, empfehle sich auch in Friedenszeiten nicht als politischer Kopf. Unter den Bedingungen eines Kolonialkriegs seien es solche schönen Seelen, die die alternativlose Herauslösung Algeriens aus dem französischen Herrschaftsbereich hinauszögerten und das Blutvergießen damit womöglich unnötig verlängerten. Und wie konnte ein so begnadeter literarischer Beobachter wie Camus

26 Raymond Aron, *De Gaulle, Israël et les Juifs*. Paris: Plon 1968.

27 Claus Leggewie, *Zwischen allen Stühlen*. In: *FAZ* vom 24. November 2023.

28 Raymond Aron, *Mémoires*. Paris: Bouquins 2010. Aron übernimmt die Bezeichnung »gutwilliger Kolonialist« von Albert Memmi.

dem Trugschluss aufsitzen, dass es so etwas wie ein »algerische Nation nie gegeben hat«?[29]

Doch 1967 ging Aron auf, dass er zu Unrecht den Stab über Camus gebrochen hatte. Angesichts von Nassers Auslöschungsfantasien und de Gaulles Israelkritik dämmerte ihm, dass es seine – und nicht Camus' – Äußerungen waren, die einem Wunschdenken entsprangen. Politik, immer auch eine Arena der Passionen, von affektiver Verbundenheit reinhalten zu wollen, sei eine schlechthin weltfremde Vorstellung. Mit der Besetzung des Gazastreifens und des Westjordanlands konsolidierte sich Israel als »État régionalement impérial«, da mochte sich Aron nicht in die Tasche lügen. Die Propheten eines Groß-Israel, die fanatischen Siedler, die Partei Menachem Begins – sie alle konnten ihm gestohlen bleiben. Und doch hing Aron am Fortbestand und Gedeihen dieses Staates, dem einzigen, den die Juden hatten.

In Frankreich schlug sich diese Einsicht Arons auch als kollektive Gefühlsaufwallung nieder. Tausende fanden sich auf den Straßen von Paris zu spontanen Demonstrationen zusammen, um den Triumph Israels zu bejubeln. Diese Sympathiebekundungen waren nicht jedem geheuer. Claude Lévi-Strauss, den die Judenverfolgung 1941 ins amerikanische Exil gezwungen hatte, beunruhigte, dass der israelisch-arabische Konflikt einmal mehr auf dem Rücken der Palästinenser ausgetragen wurde. Und wäre es ganz falsch, in den französischen Gemütsregungen des Sommers 1967 Anzeichen einer Übertragung auszumachen? Setzten sich diese ausgelassenen Prozessionen nicht vielleicht auch deshalb in Bewegung, weil es endlich jenen Sieg über arabische Streitkräfte auszukosten galt, der Frankreich in Algerien nicht vergönnt gewesen war?

In dem Tumult ging das Themenheft von *Les Temps Modernes* beinahe unter. Edward Said, der Sartre 1966 kurz begegnet war und zu dem Philosophen aufschaute, vermochte sich für das Heft nicht wirklich zu erwärmen.[30] Von Ausnahmen wie Rodinson abgesehen, versäumten es die Autoren nach Saids Dafürhalten, der Wirklichkeit ins Auge zu sehen. Fanons Witwe Josie zürnte, weil ihr Sartres und Lanzmanns intellektuelle Rückendeckung für Israel gegen den Strich ging. Sie verlangte, dass Sartres Vorwort aus den nächsten Ausgaben von *Die Verdammten der Erde* getilgt würde. Doch der Verlag machte keine Anstalten, dieser Forderung nachzukommen. Sartre

29 Albert Camus, *L'Algérie 1958*. In : Ders., *Chroniques algériennes 1939–1958*. Paris: Gallimard 2002.

30 Für die bitterkomische Schilderung einer späten Begegnung zwischen Said und Sartre im Jahr 1979 vgl. Edward Said, *My Encounter with Sartre*. In: *London Review of Books* vom 1. Juni 2000.

übte sich weiterhin im unmöglichen Spagat zwischen Israel-Solidarität und Unterstützung der Palästinenser.[31] Einerseits beharrte er 1969 auf einem Rückkehrrecht für die palästinensischen Flüchtlinge, andererseits wies er Anfragen zur Mitwirkung an Abrüstungsinitiativen im Nahen Osten ab, weil diese Israel seinen Nachbarn ausliefern würden. Einerseits erteilte er dem palästinensischen Widerstand gegen die Besatzung auch dort sein Plazet, wo er terroristische Formen annahm, da er Yasser Arafats Fatah schlecht untersagen könne, was er bei der FLN ausdrücklich gebilligt hatte.[32] Andererseits erklärte er sich mit der israelischen Aufstandsbekämpfung ganz einverstanden. Neben François Mitterrand und Michel Foucault setzte Sartre 1975 seine Unterschrift unter eine öffentliche Erklärung, in der die von Fayez Sayegh auf den Weg gebrachte UN-Resolution 3379 scharf verurteilt wurde.

Einen besseren Anwärter für die Dauerstelle als allzuständiger Intellektueller als Sartre sucht man im 20. Jahrhunderts wahrscheinlich vergebens. Trotzdem strich er, der egal zu welchem Thema nie um eine Wortmeldung verlegen war, beim Nahostkonflikt irgendwann die Segel. Um Lösungsvorschläge gebeten, wälzte er die Verantwortung auf andere ab: »Also wirklich, ich bin doch kein Politiker, ich bin ein Intellektueller.« Solche Demutsgesten muss man in seinem engagierten Œuvre sonst mit der Lupe suchen. Sartres Ratlosigkeit bezeugt die Hartnäckigkeit eines geopolitischen Problems ebenso wie die Grenzen dessen, was sich durch bloße gedankliche Willensanstrengungen erreichen lässt. Wo Patentrezepte Mangelware sind, gäbe es gewiss Verwerflicheres, als die eigene geistige Desorientierung zu kartieren, zum Beispiel indem man die Geschichte des Vergleichs zwischen dem Algerienkrieg und dem Israel-Palästina-Konflikt nachzeichnet, damit es sich Analogien dieser Art – egal ob mit zustimmender oder ablehnender Tendenz – nicht zu bequem machen.

31 Farouk Mardam-Bey, *Sartre, Israël et les Arabes: la »détermination affective«*. In: *Matériaux pour l'histoire de notre temps*, Nr. 96/4, 2009.

32 Jean-Paul Sartre, *Israël et les Arabes. Interview*. In: *Le Fait public*, Februar 1969. Wiederabdruck in: Sartre, *Situations VIII. Autour de 68*. Paris: Gallimard 1972.

Patrick Bahners/Charlotte Klonk

Caspar David Friedrich als Probefall des Kulturgutschutzes

Eine strahlende Eigentümergemeinschaft trat am 12. Juli 2024 im Studiensaal des Berliner Kupferstichkabinetts vor die Presse. Die Stiftung Preußischer Kulturbesitz, die Staatlichen Kunstsammlungen Dresden und die Klassik Stiftung Weimar sowie die Ernst von Siemens Kunststiftung haben mit Unterstützung der Kulturstiftung der Länder gemeinsam das »Karlsruher Skizzenbuch« von Caspar David Friedrich erworben, einen 18,4 mal 11,8 Zentimeter großen Pappband mit einem Wasserzeichen des englischen Papierfabrikanten James Whatman aus dem Jahr 1801, von dessen 40 erhaltenen Seiten – mindestens neun Blätter wurden herausgetrennt – 33 mit Zeichnungen gefüllt sind. Das Buch wurde zweihundert Jahre lang in der Familie von Friedrichs Malerfreund Georg Friedrich Kersting verwahrt und sollte am 30. November 2023 im Berliner Auktionshaus Villa Grisebach versteigert werden. Für einen Kaufpreis von 1,8 Millionen Euro erhielt ein ausländischer Bieter den Zuschlag. Wie später bekannt wurde, handelte es sich um das Metropolitan Museum of Art in New York. Der Verkauf kam nicht zustande, weil die Berliner Kulturverwaltung kurz vor dem Auktionstermin ein Verfahren zur Unterschutzstellung nach dem Gesetz zum Schutz von Kulturgut eingeleitet hatte. Gemäß der Empfehlung des zuständigen Sachverständigenausschusses ließ der Senator für Kultur und Gesellschaftlichen Zusammenhalt das Skizzenbuch im Mai 2024 in das Verzeichnis national wertvollen Kulturgutes des Landes Berlin eintragen. Nachdem der Anwalt des Eigentümers, Peter Raue, zunächst eine Klage gegen die Eintragung und das mit ihr verbundene Ausfuhrverbot angedroht hatte, kam es doch noch zur Einigung über den Verkauf an das Konsortium der drei deutschen Museen, das in der Auktion das zweithöchste Gebot abgegeben hatte.

In der Berliner Pressekonferenz fanden alle acht anwesenden Repräsentanten der besitznehmenden und geldgebenden Institutionen eigene Worte, um das Besondere des Kaufobjekts zu umschreiben, Chefinnen und Chef der drei Museumsverbünde, die Direktorinnen der drei graphischen Sammlungen sowie die beiden Stiftungsgeschäftsführer. Aufgeschlagen lag das Buch hinter ihnen, und wie eine gewöhnliche Museumsführung war seine Präsentation eine Probe auf die Evidenz sprachlicher Fingerzeige. Warum war das Skizzenbuch der öffentlichen Hand 1,7 Millionen Euro wert?

Den Kurzvortrag der Dresdner Generaldirektorin Marion Ackermann, die am 1. Juni 2025 die Nachfolge Hermann Parzingers an der Spitze der Stiftung Preußischer Kulturbesitz antreten wird, könnte man wie eine Gerichtsrede analysieren: Sie hatte es auf die Widerlegung des Augenscheins abgesehen, begann mit der Feststellung, das Skizzenbuch sei »klein, aber hochbedeutend«. Vom handgreiflich Kleinen wandte sich die Beschreibung dessen Gegenteil zu, der »unglaublich großen Kunst« der Gemälde, auf denen sich Motive aus dem Buch wiederfinden lassen. Um eine Qualität zu beschwören, die über das Spannende oder Interessante alltäglicher kultureller Wertschätzung hinausgeht, knüpfte Ackermann ein ganzes Netz solcher begrifflicher Oppositionen oder paradoxer Figuren: Abstand und Nähe, zeitlose Geltung und momenthafte Genesis. Sie sprach ein Publikum an, dem Friedrichs Auseinandersetzung mit der Natur schon vertraut ist, die sich ihm aus dem Skizzenbuch doch erst erschließen soll. »Sie kennen ja alle seine Haltung zur Natur, dass er gesagt hat, es reicht nicht aus, nur das darzustellen, was vor einem liegt, sondern man muss auch etwas in sich haben.«

Friedrichs Arbeit bestand demnach in der »Vermittlung zwischen Konzeption und Abbildung«, und diese kann man, indem man das Skizzenbuch aufblättert, dessen Zeichnungen in der Umgebung von Dresden in einem kurzen, exakt datierten Zeitraum entstanden sind, zwischen dem 25. April und dem 1. Juni 1804, »Schritt für Schritt nachvollziehen«. Die Sammlung der 33 Zeichnungen hat einen Eintrag in Friedrichs Werkverzeichnis,[1] ist aber kein Werk in dem Sinne, dass es für sich selbst stünde. Der Vorbesitzer ließ seinen Anwalt Raue der Berliner Kulturverwaltung vortragen, dass es deshalb für die Eintragung auf die gesetzliche Schutzliste nicht in Betracht komme. Nach dem übereinstimmenden Zeugnis der neuen Eigentümer liegt der besondere Wert des Skizzenbuches hingegen genau darin, dass man es mit einem Kompendium von Vorstudien zu tun hat. Scheinbar unvermittelt bekommt man den künstlerischen Prozess zu Gesicht. Ackermann beschrieb Friedrichs Naturstudium so, dass man in ihm ein Modell des Kunststudiums erkennen konnte, zu dem Friedrichs Naturstudien einladen. Vor Baumstümpfen und Steinbrocken übte Friedrich eine Haltung der Andacht zum Unscheinbaren ein, deren Nachvollzug die Museumsbesucherin einsehen lässt, dass das Heft aus der Karlsruher Schublade klein, aber hochbedeutend ist.

Zur Friedrich-Forschung gehört der Versuch, seinen Techniken durch Nachahmung auf die Spur zu kommen. Ackermann berichtete von solchen Versuchen in ihrem Haus: »Caspar David Friedrich war ja auch sehr experimentell in Bezug auf seine graphischen Techniken. Ich habe selber bei uns im Restaurierungsatelier gelernt, dass er, wenn er die Sepia selbst angerührt hat,

1 Christina Grummt, *Caspar David Friedrich. Die Zeichnungen*. München: Beck 2011.

experimenteller mit diesen Dingen umgegangen ist.« In dieser Illustration des Prozesshaften von Friedrichs Arbeitsweise brachte Ackermann ihrerseits eine Mischtechnik zum Einsatz: Sie verband zwei Topoi, an denen die Friedrich traditionell attestierte Vorwegnahme künstlerischer Modernität festgemacht wird, das Individuelle und das Experimentelle. Um Friedrichs Weg vom Mikrokosmos zum Makrokosmos auszuziehen, ging sie an einer Stelle zunächst umgekehrt vor und hob immer kleinere Details in den Blick: Ein »Gespür dafür«, wie »eigentlich große Kunst entsteht«, bekommt man »vom Baum, vom Blatt, von der Nadel, die man abzeichnet«. Die Nadel ist wohl der kleinste mit dem bloßen Auge noch wahrnehmbare Gegenstand in den Wäldern um Dresden und gleichzeitig das elementare Instrument vieler graphischer Techniken. Der von Ackermann beschriebene Umgang mit dem Skizzenbuch ist ein intellektuelles Abzeichnen, ein Rückschließen von der Abbildung auf die Konzeption. Über den praktischen Gebrauch, den die Nachfahren Kerstings von ihrem Eigentum machten, ist nichts Näheres bekannt; aus dem Erhaltungszustand wird geschlossen, dass das teure Stück nur sehr selten aufgeschlagen wurde. Die Beschreibungen Ackermanns und ihrer Kolleginnen gaben der Überzeugung Ausdruck, dass das Skizzenbuch dazu gemacht ist, im Museum aufbewahrt zu werden, wo es unter Aufsicht so schonend wie möglich studiert werden kann.

Am 23. Juni 2016 verabschiedete der Bundestag die Neufassung des Kulturgutschutzgesetzes. Bei der Bearbeitung des Gesetzes aus dem Jahr 1955 wurde der amtliche Titel verkürzt, der ursprünglich »Gesetz zum Schutz deutschen Kulturgutes gegen Abwanderung« gelautet hatte. Der Abwanderungsschutz steht indes immer noch an der ersten Stelle der vom Gesetz geregelten Materien. Hinzugekommen ist die Bekämpfung des illegalen Kulturguthandels; in Umsetzung völkerrechtlicher Verpflichtungen sollen insbesondere die Geschäfte mit archäologischen Gütern aus Raubgrabungen unterbunden werden. Nachdem im Juni 2015 ein in der Behörde der Beauftragten der Bundesregierung für Kultur und Medien erarbeiteter Referentenentwurf an die Öffentlichkeit gelangt war, sah sich das Gesetzesvorhaben einer Kampagne maßloser Polemik von Seiten des deutschen Kunsthandels ausgesetzt. Ein an Kulturstaatsministerin Monika Grütters gerichteter Offener Brief vom 15. Juli 2015, den 259 Vertreterinnen und Vertreter der Branche unterschrieben hatten, darunter Florian Illies, damals Geschäftsführer der Villa Grisebach, prophezeite das »Ende des internationalen Kunsthandels in Deutschland«.

Die Unterzeichner attackierten die Kulturstaatsministerin persönlich: »Frau Grütters, sind Sie tatsächlich der tiefen Überzeugung, Sie dienten Deutschland in ganz besonderem Maße, indem Sie durch rechtlich höchst fragwürdige Maßnahmen einen vergünstigten Einkauf zugunsten der staatlichen Museen erzwingen wollen?« Die Verfasser des Pamphlets scheuten noch nicht einmal davor zurück, von den im Gesetzentwurf vorgesehenen »Verordnungsermächtigungen« eine Linie zu den Instrumenten der nationalsozialistischen Willkürherrschaft zu ziehen: Grütters wolle ein Gesetz verabschieden lassen, »das restaurativ ist und erschreckend an nationale Verordnungen der deutschen Geschichte erinnert«. In Wahrheit war die Reichsverordnung über die Ausfuhr von Kunstwerken, die 1955 durch das bundesrepublikanische Gesetz abgelöst wurde, eine Regelung aus der postrevolutionären Gründungsphase der Weimarer Republik mit dem Datum des 11. Dezember 1919.

Nach dem Inkrafttreten des Gesetzes am 1. August 2016 schien sich der Sturm um den Kulturgutschutz jedoch gelegt zu haben. Eine Verfassungsbeschwerde wurde 2021 abgewiesen.[2] Nun allerdings scharren die Kritiker wieder mit den Hufen: Die Eintragung von Friedrichs »Karlsruher Skizzenbuch« ist zum Testfall für das Gesetz geworden, doch die Argumentation kommt nicht vom Fleck.[3] Vergessen wird abermals, dass das Gesetz damals nicht vom Himmel gefallen ist und eine Geschichte hat. Dazu gehört beim staatlichen Kulturgutschutz die Hoffnung, dass die wenigen Objekte, die unabhängige Sachverständigenkommissionen durch Mehrheitsvotum als »national wertvoll« einstufen, der Öffentlichkeit zugänglich gemacht werden können, denn niemand kann ein Interesse daran haben, dass sie, wenn sie denn in dieser Weise bedeutungsvoll für das Land sind, in Tresoren verschwinden. Entsprechend findet sich diese Absicht auch seit 1919 wiederholt in den Verwaltungsakten zur Durchführung des Gesetzes.[4]

Dietrich Hölz, pensionierter Vorsitzender Richter am Verwaltungsgericht Hamburg, hat nun aber in der *FAZ* vom 29. Juni 2024 die Auffassung vertreten, dass ein solches Interesse den Regelungszweck des Gesetzes unzulässig erweitere. Das Kulturgutschutzgesetz (KGSG) hat ihm zufolge ausschließlich

2 Bundesverfassungsgericht, Beschluss der 2. Kammer des Ersten Senats vom 28. Juni 2021 – 1 BvR 1727/17.

3 Diandra Donecker, Geschäftsführerin der Villa Grisebach, beklagte in der *FAZ* vom 27. Mai 2024, dass die Anwendung des Gesetzes »willkürliche Eingriffe in Eigentumsrechte« zur Folge habe, und nannte es »kleingeistig«, dass deutsche Kunstpolitiker das Skizzenbuch dem amerikanischen Kaufinteressenten nicht überlassen wollten.

4 Nina Kathalin Kummer, *»Der Mensch lebt nicht vom Brot allein«. Das Verzeichnis national wertvollen Kulturgutes seit 1945*. In: Dieter Grimm / Charlotte Klonk / Nina Kathalin Kummer / Theodor Schöllgen, *Nationales Kulturerbe. Lehre aus 100 Jahren Abwanderungsschutz*. Baden-Baden: Nomos 2024 (im Erscheinen).

den Zweck, in Deutschland befindliches »national wertvolles Kulturgut« gegen eine Abwanderung ins Ausland zu schützen. Er schließt das aus § 5 des Gesetzes: »Nationales Kulturgut unterliegt als Teil des kulturellen Erbes Deutschlands dem Schutz gegen Abwanderung aus dem Bundesgebiet nach diesem Gesetz.« Dieser Paragraph trägt die Überschrift »Grundsatz«. Er gibt an, was das Gesetz in seinem zweiten Kapitel (§ 5 bis 19) regelt, erschöpft aber nicht, was der Gesetzgeber mit dieser Regelung erreichen will. Die Überführung des von der Abwanderung geschützten Kulturguts in die Obhut öffentlicher, für das Publikum geöffneter Sammlungen ist kein ausdrücklicher Zweck des Gesetzes, sie kommt aber wie die Horizontlinie auf einem Bild von Caspar David Friedrich wie von selbst in den Blick, sobald man ihn auf das Ganze richtet.

Den Verordnungsgeber von 1919, erst recht den bundesdeutschen Gesetzgeber von 1955 und 2016 trieb keine abergläubische Vorstellung von einem künstlerischen Volksvermögen oder einer ästhetischen Volksseele an, nach welcher der bloße Verbleib bestimmter Kunstwerke im Land ein Selbstzweck wäre. Der Gesetzgeber ist im Interesse der Öffentlichkeit und ihrer Bildungsmöglichkeiten tätig. Die Anwesenheit im Land ist der erste Schritt zur Zugänglichkeit. In der Krise der Neugründung der deutschen Staatsgewalt nach dem verlorenen Ersten Weltkrieg war Wilhelm von Bode, der Generaldirektor der Berliner Museen, eine maßgebliche treibende Kraft hinter der erstmaligen Regelung eines Abwanderungsschutzes für das gesamte Reichsgebiet.[5]

Dass das KGSG die Sicherung für die Allgemeinheit nicht ausdrücklich als Gesetzeszweck nennt, erklärt sich schon daraus, dass eine entsprechende Bestimmung als Erwerbsverpflichtung missverstanden werden könnte. Ob aber ein Erwerb für ein öffentliches Museum oder Archiv überhaupt möglich ist, hängt davon ab, ob das jeweilige Werk auf den Markt kommt. Und wenn es auf den Markt kommt, darf die Bevölkerung erwarten, dass mit Steuergeldern angemessen umgegangen wird. In England, dessen Regelungen manche Kritiker des deutschen Gesetzes nun unter dem Stichwort »Vorkaufsrecht« zur Übernahme empfehlen, hat 2023 genau dieser Aspekt zu erheblichem Unmut in der Öffentlichkeit geführt, als bekannt wurde, dass der Eigentümer des Porträts des Polynesiers Mai (oder Omai) von Joshua Reynolds 50 Millionen Pfund für das Gemälde aufgerufen hatte, eine Summe weit über dem mutmaßlich auf dem internationalen Markt zu erzielenden Preis. Der

5 Maria Obenaus, *Für die Nation gesichert? Das »Verzeichnis der national wertvollen Kunstwerke«. Entstehung, Etablierung und Instrumentalisierung 1919–1945*. Berlin: de Gruyter 2016.

Erwerb durch die Londoner National Portrait Gallery gelang nur gemeinsam mit dem J. Paul Getty Museum in Los Angeles und unter mehrmaliger Verlängerung der Ausfuhrbeschränkung. In der Vergangenheit hatten die vorgesehenen sechs Monate häufig nicht ausgereicht, um die aufgerufenen Summen einwerben zu können. Das wiederum hatte zur Kritik an der mangelnden Effektivität des dortigen Kulturgutschutzgesetzes geführt.

In Frankreich hingegen kann der Staat auch noch nach einem Verkauf eine Ausfuhrbeschränkung verhängen. Die Frist von 30 Monaten muss aber mitunter verlängert werden, weil die Museen die Mittel für den Ankauf erst ab diesem Zeitpunkt einzuwerben beginnen. Zuletzt brauchte der Louvre für ein Werk des florentinischen Renaissancekünstlers Cimabue vier Jahre, eine lange Zeit, in der sowohl der Verkäufer als auch der Käufer im Ungewissen über den Ausgang blieben und auf das Geld warten oder es vorhalten mussten.

Im Vorfeld der Novellierung des deutschen Gesetzes wurden daher diese Verfahren verworfen, denn in der deutschen Praxis hatte sich gezeigt, dass der staatliche Ankauf auch ohne nennenswerte Einbußen der Verkäufer und durch großen Einsatz der zu diesem Zweck gegründeten Kulturstiftung der Länder und privater Stiftungen gelingen kann. Von der Durchsetzung des verfassungsmäßig vorgesehenen Schutzes deutschen Kulturguts gegen Abwanderung ins Ausland profitieren dank dieser bewährten Praxis deutsche Museumsbesucher und Kulturreisende aus dem Ausland unmittelbar.

In einem Beitrag im *Tagesspiegel* vom 29. Juni 2024 ließ Peter Raue, der Anwalt des Verkäufers von Friedrichs Skizzenbuch, schon vor der offiziellen Verkündung wissen, dass auch in diesem Fall eine solche Lösung gefunden wurde. Raue rühmt ein »wundersam-glückliches Ende« der Affäre, nachdem er im Absatz vorher bizarrerweise die Behauptung in den Raum gestellt hat, sein Mandant hätte »das Skizzenbüchlein keinem deutschen Museum überlassen«. Damit will Raue die Wirkungslosigkeit eines Kulturgutschutzgesetzes demonstrieren, das keinen Verkauf erzwingen kann. Nachdem der Friedrich-Besitzer den Übergang seines Erbstücks in deutsches Museumseigentum aber doch bewilligt hatte, war Raues Argument bereits im Augenblick, da er es vorbrachte, widerlegt. Man kann die Lektion auch simpler formulieren: Wer etwas verkaufen und einen bestimmten Typ Käufer ausschließen will, sollte nicht die Verkaufsmethode der öffentlichen Auktion wählen.

Raue, so kurios widersprüchlich er sich einließ, ist immerhin mit der Innenseite dieses einen Falls vertraut. Was jedoch passiert, wenn Juristen ohne größere Kenntnis der Entscheidungsfindung und der Geschichte der Eintragungspraxis ihr Besteck aus der Tasche ziehen, kann man im Beitrag des pensionierten Richters Hölz sehen. Wo es um wenige, sehr verschiedene

Einzelfälle geht, fällt eine Hierarchisierung und Präzisierung der unbestimmten Begriffe des Gesetzes schwer. Das zeigen die Urteile der Verwaltungsgerichte,[6] aber es ergibt sich schon aus der Natur der Sache. Hölz wertet ad hoc, ohne die Gründe des Sachverständigenausschusses für die Eintragung zu kennen. So liest er eine normative Kategorie wie Einzigartigkeit in das Gesetz hinein, die allein schon deshalb zur näheren Bestimmung des national Wertvollen untauglich ist, weil sie auf jede Zeichnung und jedes Ölgemälde zutrifft, es sei denn, es handelt sich um eine Kopie. Auf dieser Grundlage wären zudem die Druckgrafiken im Verzeichnis national wertvollen Kulturguts zu Unrecht unter Schutz gestellt worden.

Hölz, als Richter vielleicht zu sehr daran gewöhnt, mit Indizien zu jonglieren, glaubt den Wert des Skizzenbuchs auf dessen »Verweischarakter« reduzieren zu können. Die für Kunsthistoriker interessanten Informationen, die es enthält, »weil einzelne der darin festgehaltenen Naturgegenstände von Friedrich später in seine großen ikonischen Werke eingeflochten wurden«, erfüllen in den Augen von Hölz die gesetzliche Voraussetzung für eine Eintragung nicht, dass der Gegenstand »besonders bedeutsam für das kulturelle Erbe Deutschlands, der Länder oder einer seiner historischen Regionen und damit identitätsstiftend für die Kultur Deutschlands ist« (§ 7 Absatz 1 Ziffer 1).

In Übereinstimmung mit den Eingaben Raues an die Berliner Kulturverwaltung legt Hölz außerdem dar, dass »jenes Büchlein keineswegs die einzige Quelle für dieses spezifische Vorgehen Friedrichs« sei. »Es wird vielmehr durch Hunderte von Zeichnungen belegt, die sich ganz überwiegend in Museumsbesitz befinden.« Vielleicht darf man auch diese Bereitschaft von Hölz, von der im Skizzenbuch festgehaltenen Kontinuität eines über fünf Wochen wiederholten künstlerischen Arbeitsvorgangs stillschweigend abzusehen, mit einer professionellen Verformung der Denkungsart des langjährigen Richters in Verbindung bringen. Er hatte jeden Tag Loseblattsammlungen zur Hand, aus denen bei Änderung der Gesetzeslage jedes Blatt ohne Folgen für die Ordnung des Ganzen herausgelöst werden konnte.

Ein eigentümlicher Materialismus begründet bei Hölz seinen prinzipiellen Zweifel an der Schutzwürdigkeit. »Über die geistigen Vorgänge, die Friedrich veranlasst haben, bestimmte Naturgegenstände zeichnerisch festzuhalten und einzelne teils viele Jahre danach in seinen Gemäldekompositionen auftauchen zu lassen, gibt das Skizzenbuch ohnehin keine Auskunft.« Mit diesem Argument ließe sich auch bestreiten, dass es einen Versuch wert

6 Vgl. etwa das Urteil des Bundesverwaltungsgerichts zum Silberzimmer der Welfen vom 27. Mai 1993, *BVerwG 7 C 33.92*.

wäre, Manuskriptentwürfe Kants oder Dieter Henrichs in Deutschland zu halten: Auch bei der Komposition von Schriftquellen bleiben die geistigen Vorgänge hinter den Buchstabenverbindungen unsichtbar. Will man keinem Spiritismus verfallen, muss man das Argument umkehren: Nur anhand des graphischen, gezeichneten oder geschriebenen Niederschlags lassen sich die Umrisse geistiger Vorgänge fassen. Skizzenbücher sind so gesehen gleichsam die transitorischen Gehirne der Künstler. Das im Sommer 2024 in Berlin ausgestellte Skizzenbuch des Rom-Besuchers Marten van Heemskerck, aus dem der niederländische Künstler sein restliches Leben lang für seine Gemälde und Stichserien schöpfte,[7] ist in diesem Sinne ein Pendant zum Heft mit den sächsischen Naturdetailansichten von Caspar David Friedrich.

Dem Berliner Sachverständigenausschuss lagen Gutachten von drei externen Experten vor, zwei Professoren und einem Museumsleiter. Raue reichte eine Stellungnahme von Peter-Klaus Schuster ein, dem ehemaligen Generaldirektor der Staatlichen Museen zu Berlin. In der Sache durchaus mit seinen Kollegen übereinstimmend, charakterisierte Schuster das Skizzenbuch in altertümlich poetisierendem Ton als »ein wunderbar köstliches Elementarbüchlein Friedrichs, eine Grundgrammatik seiner detailgenauen Zeichenkunst«. In der Frage der gesetzlichen Schutzwürdigkeit kam Schuster indes zu der entgegengesetzten Wertung, indem er feststellte, dass man Friedrichs Grammatik der Zeichenkunst »füglich nicht nationalisieren kann und sollte«. Das Wissen um den Universalismus von Friedrichs Bildzeichensprache beschrieb Schuster als einen zu seinen Lebzeiten errungenen Erkenntnisfortschritt. Werner Hofmann habe sich mit der Friedrich-Ausstellung der Hamburger Kunsthalle 1974 »ganz nachdrücklich bemüht, Caspar David Friedrich zu entnationalisieren«.[8] Pathetisch beschwor Schuster die Gefahr, dass dieser Lernerfolg aufs Spiel gesetzt würde, wenn deutsche Museumsbesucher durch die Sicherung des Skizzenbuchs für deutsche Museen auf falsche Ideen kommen sollten. »Im Gegenteil, Friedrich aus dem nationalen Ghetto zu befreien, ihn von dort auszulagern, wäre kunsthistorische Aufklärung! Und wenn man dafür dann zukünftig auch noch nach New York reisen muss oder darf, dann ist doch alles perfekt!«

Abgesehen davon, dass diese Vision der Globalisierung kunsthistorischer Aufklärung erhebliche private Reisebudgets voraussetzt und über die Folgen

7 *Faszination Rom. Maarten van Heemskerck zeichnet die Stadt*. Für das Kupferstichkabinett / Staatliche Museen zu Berlin hrsg. v. Tatjana Bartsch u. Christien Melzer. München: Hirmer 2024.

8 Vgl. Klara von Lindern, *Caspar David Friedrich ausstellen. Retrospektiven und Rezeption in den 1970er Jahren*. Berlin: de Gruyter 2024.

für den Klimaschutz hinwegsieht, spricht sich in Schusters Warnung vor der Nationalisierung von Friedrichs Brevier der Zeichenkunst ein fundamentales Missverständnis des Zwecks des gesetzlichen Kulturgutschutzes aus, das die Reform von 2016 heraufbeschworen hat – und zwar durch die Gegenwehr, zu der sich die Kulturstaatsministerin Grütters aufgrund der polemischen Kritik aus dem Kunsthandel gezwungen sah. Es sei keine Nationalisierung des privaten Kunstbesitzes geplant, versicherte sie ein ums andere Mal; der Schutz vor Abwanderung, sagte Grütters im Bundestag, solle nur in den »wenigen Fällen« greifen, »in denen Kulturgüter wirklich emblematisch sind für unsere Geschichte und Identität«. Die hier rhetorisch angesprochene Emblematik dürfte aber, was immer Monika Grütters selbst sich vorgestellt haben mag, kein Bildwörterbuch des deutschen Kunstwollens sein. National wertvoll im Sinne des Gesetzes heißt nicht wertvoll in Bezug auf eine nationale Kunstidee. Ein Skizzenbuch William Blakes mit einer Grammatik von dessen Visionen wäre für die deutsche Nation nicht weniger wertvoll.

Raue nennt im *Tagesspiegel* als hypothetisches Beispiel für ein für die Kultur Deutschlands zweifelsfrei identitätsstiftendes Werk Friedrichs *Mönch am Meer*. Auch er sitzt wie Schuster dem kulturnationalistischen Missverständnis des Gesetzeszwecks auf. Das weltberühmte, schon 1810 für Berlin von König Friedrich Wilhelm III. erworbene Bild wäre, sollte irgendwann eine regierende AfD einen Ausverkauf der Museumssammlungen betreiben, sicher durch das Kulturgutschutzgesetz vor Abwanderung zu schützen: aber als Hauptdokument von Friedrichs Bildauffassung und Hauptwerk der Nationalgalerie, nicht vorrangig wegen der im Zuge der Rezeptionsgeschichte auf das Bild gerichteten nationalpsychologischen Projektionen.

Hölz macht beim Skizzenbuch dieselbe Fehlanzeige wie Raue und suggeriert, dass sich aus der rein kunsthistorischen Wertschätzung der Experten noch keine identitätsstiftende Bedeutung für die deutsche Nation ableiten lasse. Das aber ist wiederum ein Missverständnis der Qualifikation »identitätsstiftend«, denn diese zielt auf kommunikativ, durch fortgesetzte Betrachtung und Erörterung hervorgebrachte Möglichkeiten, in Werken der Kunst etwas zu sehen, das man als Eigenes empfindet.[9] Kein Objekt hat aus sich selbst heraus die Kraft, ein ohne Weiteres mit der deutschen Kultur assoziiertes Zeichen zu sein.

Die kulturelle Bindung wird maßgeblich durch die Ausstellungs- und Sammelpraxis der Museen konstituiert, wie gerade jetzt das große öffentliche Interesse an den Zeichnungen und Skizzen in den Caspar-David-

9 Charlotte Klonk, *Nomen est Omen. Die Begriffe des Kulturgutschutzgesetzes und ihre Konsequenzen*. In: Grimm / Klonk u.a., *Nationales Kulturerbe 2024*.

Friedrich-Ausstellungen zeigt. Markus Hilgert, der Generalsekretär der Kulturstiftung der Länder, vertrat in der Berliner Pressekonferenz ein geradezu positivistisches Verständnis des gesetzlichen Kriteriums der Identität, wobei er hinzusetzte, dass er persönlich dieses Wort vermeide. Es gehe um »die Bedeutung von Kultur für die Menschen in Deutschland«, und diese könne man bei einem Objekt wie dem Skizzenbuch »sehr wohl ablesen und abmessen«. Mit den Besucherzahlen der Jubiläumsausstellungen habe »man schon ein gutes Argument«. In der Förderpraxis herrscht laut Hilgert Einigkeit darüber, »dass die Identität etwas Fluides ist«. Tatsächlich lässt sich nur über ein solches Verständnis von Identität auch die Verzeichnung von zahlreichen Werken ausländischer Künstler und im Ausland entstandener Kunstwerke in den Listen national wertvollen Kulturguts erklären.

In der Diskussion vor der Verabschiedung der Gesetzesreform von 2016 wurde vereinzelt die Hoffnung artikuliert, dass sich bei einer Gesamtsichtung der seit 1961 geführten bundesdeutschen Listen national wertvoller Kulturgüter ein dynamisches Verständnis der nationalen Identität über die Zeit abzeichnen könnte.[10] Die Untersuchung der Inventare hat indes gezeigt, dass sie kein Bilderbuch des Selbstbilds der Deutschen ergeben, keine Vorlage für eine nationalgeschichtliche Variante von Neil MacGregors *Geschichte der Welt in 100 Objekten*. Dieser Negativbefund der kulturwissenschaftlichen Erforschung des deutschen Kulturgutschutzes erbringt aber mehr als eine Bestätigung des Gemeinplatzes, dass die Kulturnation eine erfundene Größe ist. Er deutet vielmehr darauf hin, dass die Abwanderungsverbote anspruchsvolleren, aber auch prosaischeren Interessen der Öffentlichkeit dienen als einem narzisstischen Bedürfnis kulturpatriotischer Selbstbespiegelung. Sie sind ganz ähnlich begründet wie die mit ihnen auch regelungsgeschichtlich verbundenen Denkmalschutzgesetze.[11]

An der Auseinandersetzung über Friedrichs Skizzenbuch zeigt sich nun, dass mit der zusätzlichen Einführung des Tatbestands »bedeutsam für das kulturelle Erbe« und »identitätsstiftend für die Kultur Deutschlands« im Gesetz von 2016 keine präzisere Bestimmung der Rechtsbegriffe vorgenommen wurde. Im Gegenteil, die Ergänzung erhöht die Notwendigkeit von kulturwissenschaftlichem Sachverstand und die Konfliktträchtigkeit der Entscheidungsfindung und schafft keine größere Vorhersehbarkeit für die

10 Matthias Müller, *Wa(h)re Kunst. Kulturgutschutz zwischen persönlicher Freiheit und gesellschaftlicher Bindung. Anmerkungen zur Debatte über die Definition »nationalen« Kulturguts*. In: *Kulturpolitische Mitteilungen*, Nr. 153/2, 2016.

11 Theodor Schöllgen, *Wozu Abwanderungsschutz? Aufgaben und Zielkonflikte seit 2019*. In: Grimm/Klonk u.a., *Nationales Kulturerbe 2024*.

Betroffenen.[12] Die von Juristen wie Hölz und Raue vorgetragene Kritik an der Berliner Eintragung des Friedrich-Buches richtet sich eigentlich gegen das Kulturgutschutzgesetz selbst und dessen auf die Verordnung von 1919 zurückgehende Grundgedanken. Aus der Diskussion von 2016 sind diese Argumente oder Scheinargumente geläufig. Sie laufen darauf hinaus, dass im Grunde kein Objekt mehr unter Schutz gestellt werden könnte, weil gegen jede Einstufung der Vorwurf der Willkür erhoben werden kann.

Artikel 73 des Grundgesetzes überträgt aber in seiner Ziffer 5a dem Bund die ausschließliche Gesetzgebung für »den Schutz deutschen Kulturgutes gegen Abwanderung ins Ausland«. Dieser Schutz ist aus der Sicht des Grundgesetzgebers eine traditionelle, gewichtige gesetzgeberische Materie; in der Liste der ausschließlichen Kompetenzen des Bundesgesetzgebers geht dem Abwanderungsschutz der Zoll- und Grenzschutz voran, es folgt der Luftverkehr. Die Verfassung rechnet also mit anwendbaren und nachvollziehbaren Gesetzen auch bei diesem mehr oder weniger komplizierten Gegenstand. Angesichts der notwendigen, für die Eigentümer eigentlich günstigen Offenheit der Kriterien hängt beim Kulturgutschutz dann jedoch besonders viel an den Verwaltungsverfahren, die wiederum gerichtlich überprüfbar sind. Fast jedes Land auf der Welt hat ein Kulturgutschutzgesetz dieser Art erlassen. Die Ausnahme sind die USA, die nur indigene Objekte schützen. Es lohnt sich daher, die Gemeinwohlinteressen, die das Gesetz verfolgt, ernst zu nehmen und nicht populistisch gegen Eigentumsrechte auszuspielen. Von Enteignung, wie jetzt wieder von Vertretern des Kunsthandels und ihren Rechtsbeiständen geäußert wird, kann keine Rede sein, da es sich lediglich um eine Beschränkung der Verfügungsbefugnis handelt.

Hunderttausende Ausstellungsbesucher können nicht irren: Für sich allein würde Markus Hilgerts demoskopische Auslegung des Identitätskriteriums sicher nicht tragen. Sie ist aber rollenangemessen für den Leiter einer Stiftung, die öffentliches Geld verteilt. Bei der Berliner Präsentation der Neuerwerbung für Berlin, Dresden und Weimar, die in einem Turnus von fünf Jahren zwischen den drei Städten wandern soll, wurden verschiedene Bestimmungen des besonders Wertvollen an Friedrichs Skizzenbuch gegeben, die sich überschnitten und ergänzten. Topoi, die auch auf Arbeiten anderer berühmter Künstler appliziert werden könnten, wirkten in der Überblendung stimmig.

Diese verdichtende Beschreibung ließ den Eindruck entstehen, dass wirklich von einem Musterexemplar zeigenswerten Gemeineigentums die Rede war. Es gab dabei auch spontane, persönliche Konkretisierungen der

12 Dieter Grimm, *Einführung*. In: Grimm/Klonk u.a., *Nationales Kulturerbe 2024*.

nun behördlich bestätigten nationalen Bedeutung. Dagmar Korbacher, die Direktorin des Berliner Kupferstichkabinetts, bekannte ihre Genugtuung darüber, dass dem Medium der Zeichnung das zugetraut werde, was schon Giorgio Vasari als dessen Potential beschrieben habe, Gefäß der Idee zu sein. Sie gewann diesem Idealismus eine kunstdidaktische Pointe ab: Kunst gibt es nicht nur »in Großformaten mit großem Pinselstrich«, und »gerade in Deutschland steht es uns sehr gut zu Gesicht, wenn wir das Fragile zu beschützen versuchen«.

Nachdem die Entscheidung über die Eintragung im Sinne der Museen erfolgt war, gestanden die Museumsleitungen zu, dass sie auch anders hätte getroffen werden können. Zuletzt geht es um ein ästhetisches Urteil, auch wenn es historisch informiert und politisch reflektiert sein soll. Dafür gibt es in den Worten Hermann Parzingers »keine Kriterien, die hundertprozentig fix sind«. Monika Grütters hat den von Schuster vorgebrachten Sorgen ein Stück weit Vorschub geleistet, indem sie in ihrer im *Tagesspiegel* am 6. Juli 2024 gedruckten Replik auf Raue schrieb: »Nationale Identität erwächst zuallererst aus dem Kulturleben eines Landes. Für Deutschland gilt das nicht zuletzt wegen seiner Geschichte in besonderem Maß. Die Romantik wird in der Kunstgeschichte als Wesenszug deutscher Gesinnung hervorgehoben.« Das Vokabular der Kunstpolitik ist meist nicht auf der Höhe des zeitgenössischen kulturellen Bewusstseins. Kunsthistorische Literatur, in der man den von Grütters paraphrasierten nationalhistorischen Essentialismus findet, dürfte etliche Jahrzehnte alt sein. Obwohl die heutige Friedrich-Forschung das intellektuelle Moment der Bilderfindungen betont, den Anteil der Konzeption, ist die nationale Gesinnung für die Kunsthistorikerinnen und Kunsthistoriker ein abgelegter Begriff und als solcher selbst inzwischen Gegenstand historischer Forschung.

Entsprechend möchten die neuen Eigentümer des Karlsruher Skizzenbuchs einer Nationalisierung des Nachdenkens über Kunst ausdrücklich keinen Dienst erweisen. In Marion Ackermanns optimistischer Sicht ist ein Streit um eine Eintragung in die Listen des nationalen Kulturbesitzes geeignet, »einen demokratischen Prozess auszulösen, um sich über Identitätsbildung, oder wie immer man das nennen will, klarzuwerden«. Am Ende der Pressekonferenz kam sie mit Bezug auf das Kulturgutschutzgesetz auf ihre erste Beschreibung zurück: »So klein das Skizzenbuch ist, es hat einen großen Symbolcharakter.« Mit dem letzten paradoxen Zug des Vormittags verkleinerte sie jedoch den Symbolcharakter sogleich wieder, im Sinne der Individualität jedes Kunstprodukts und der Unvorhersehbarkeit des ästhetischen Bildungsinteresses der Nation: Das Skizzenbuch soll »kein Präzedenzfall« sein, denn »jeder Fall ist ein Einzelfall«.

Wenigstens eine Folgerung wird man aber aus diesem Einzelfall ziehen können. Evident ist der Kulturgutschutz für Caspar David Friedrichs Arbeitsprobensammlung zwar nicht in dem absoluten Sinne, dass die gegenteilige Entscheidung völlig undenkbar gewesen wäre. Aber wenn das Karlsruher Skizzenbuch kein Fall für das Gesetz wäre, stellte sich die Frage, für welche Objekte das Gesetz überhaupt gedacht sein sollte.

Rechtskolumne

Wissenschaft als Beruf

Von Florian Meinel

Wissenschaftspolitik als Problemberuf

Das Prestige und damit der politische Handlungsspielraum eines Ministeriums sind das Produkt einer Reihe von sehr unterschiedlichen Faktoren. Dazu gehören, von Charisma und politischem Können der Ministerin oder des Ministers einmal abgesehen, klassischerweise der Umfang und die Bedeutung der Gesetzgebungskompetenzen, die das Ressort federführend betreut, der Anteil des ministeriellen Einzelplans am Gesamtetat (Äquivalent der Verteilungsmacht) sowie Größe und Entscheidungsbefugnisse des nachgeordneten, also den Weisungen des Ministeriums unterworfenen Bereichs von Bundesbehörden, in denen Stellen besetzt werden können und administrative Gestaltungsmacht ausgeübt werden kann.

Weiche, aber nicht minder wichtige Faktoren sind die Aufmerksamkeit der Massenmedien für ein Politikfeld und – häufig übersehen – die Macht der Verbände und Interessenorganisationen, die das Ministerium als Ansprechpartner für ihre politischen Anliegen sehen.

Nach diesen Kriterien ist zum Beispiel das Prestige des auch für den Klimaschutz zuständigen Bundeswirtschaftsministeriums trotz des relativ geringen Anteils am Bundeshaushalt hoch (bedeutsame Gesetzesvorhaben, mächtige nachgeordnete Behörden wie das Bundeskartellamt oder die Bundesnetzagentur, maximale Aufmerksamkeit der mächtigsten Akteure des Lobbyismus und der Medien). Das des Verkehrsministeriums ist trotz eines viermal so großen Etats viel geringer, weil die Straßenverkehrsordnung nur selten reformiert wird und das Kraftfahrzeugbundesamt keine Schlagzeilen macht. Das Außenministerium (keine Gesetzgebung, wenig Lobbyismus, aber viel Glamour) und das Finanzministerium (exorbitantes Prestige durch die Hoheit über den Bundeshaushalt) spielen seit jeher Sonderrollen.

Das Bundesministerium für Bildung und Forschung ist in dieser Hinsicht ein interessanter Fall. Der Handlungsspielraum einer ambitionierten Wissenschaftspolitik des Bundes ist, obwohl der Haushalt des Ministeriums etwa doppelt so hoch ist wie der des Wirtschaftsressorts, denkbar gering. Seitdem die erste Föderalismusreform 2006, vermarktet als »Wettbewerbsföderalismus«, die Zuständigkeit des Bundes für das Hochschulrahmengesetz abgeschafft hat, betreut das Haus außer dem eher sozial- als forschungspolitisch wichtigen BAföG keine relevanten Gesetzgebungszuständigkeiten mehr. Das gesamte Hochschulrecht und die Hochschulfinanzierung sind Sache der Länder.

Das allgemeinpolitische Interesse für Wissenschafts- und Forschungspolitik ist meistens gering, kein Kanzler setzt seine Richtlinienkompetenz ein, um wissenschaftspolitischen Vorhaben zur Durchsetzung zu verhelfen, und die Gewerkschaft Erziehung und Wissenschaft oder der Deutsche Hochschulverband spielen eher in der dritten Liga der *pressure groups*.

Vor allem aber trägt der nachgeordnete Bereich nicht zur Stärke, sondern zur Schwäche des Ministeriums bei. Formal betrachtet hat das Bundesbildungsministerium überhaupt keine ihm untergebenen Behörden. Der Sache nach aber spielen die großen »Wissenschaftsorganisationen«, die Deutsche Forschungsgemeinschaft, die Max-Planck-Gesellschaft, die Nationale Akademie der Wissenschaften Leopoldina oder der Wissenschaftsrat genau diese Rolle und werden wie Behörden auch weit überwiegend aus dem Bundeshaushalt finanziert. Sie sind aber entweder als Vereine (DFG, MPG) oder als autonome Institutionen der Kooperation von Bund und Ländern (Wissenschaftsrat) organisiert. Sie können deswegen, auch durch die Allianz der Wissenschaftsorganisationen, ohne Einbindung in eine Regierungskoordinierung wie kleine Nebenministerien agieren, eigene Außenpolitik inklusive, in denen sich allerdings kein politischer Stil, sondern die universitäre Kultur der Selbstverwaltung durch Gremien fortsetzt.

Das typische Instrument der ministeriellen Wissenschaftspolitik des Bundes sind deswegen teure Finanzierungskampagnen, die in quasiwettbewerblichen Verfahren über externe Vorhabenträger abgewickelt werden und in denen die Politik versucht, über das Kleingedruckte der Bewilligungsbedingungen politischen Einfluss auf die Länder auszuüben. Deren Wissenschaftsressorts wiederum bilden dann gegenüber dem Bund eine lautlose Beutegemeinschaft.

Das lehrt die Erfahrung mit den sogenannten Wanka-Professuren, einem milliardenschweren Programm zur Etablierung des *tenure track*, das als Reform der Karrierewege und der Fakultätsstrukturen gemeint war, vielerorts aber vor allem als Stellensparprogramm umgesetzt wurde. Unter diesen Vorzeichen ist es nicht verwunderlich, dass für die Besetzung des Bildungsministeriums zumeist schwache Kandidaten ohne große politische Ambitionen und parteipolitische Machtbasis in Aussicht genommen werden. Franz Josef Strauß, Gerhard Stoltenberg oder Horst Ehmke würden sich heute andere Ressorts aussuchen.

Kairos und Karriere: Woher kommt das Neue in der Wissenschaft?

So betrachtet, ist das Hickhack um das politisch wichtigste Gesetzgebungsvorhaben des Bundesbildungsministeriums, die Reform des Gesetzes über befristete Arbeitsverträge in der Wissenschaft, besser bekannt als Wissenschaftszeitvertragsgesetz (WissZeitVG), ein Scheitern mit Ansage. Und zwar unabhängig davon, ob der von der Bundesregierung im März 2024 beschlossene, aber vor der parlamentarischen Sommerpause nicht mehr auch nur in erster Lesung beratene Gesetzentwurf vor dem wahlkampfbedingten Ende der Gesetzgebung noch zustande kommt oder nicht. Denn es ist nicht nur eine Parabel über Pseudowettbewerb und Status-quo-Sicherung, Politiksuggestion und Politikverweigerung im deutschen Wissenschaftssystem. Es ist ein Lehrstück darüber, wie aus schlechten rechtlichen Rahmenbedingungen Politikunfähigkeit, aus Politikunfähigkeit Konzeptionslosigkeit und aus alledem am Ende der rhetorische Kampf zwischen Extrempositionen entsteht: hier eine utopische Versorgungsmentalität, dort Standesinteressen und professorale Arroganz.

Das seit 2007 existierende Gesetz regelt die Frage, für welche Zeiträume die Arbeitsverträge von Menschen befristet werden können, die Wissenschaft als Beruf betreiben, und zwar außerhalb einer Lebenszeitprofessur. Man nennt sie Promovierende, Postdoktoranden, Juniorprofessorinnen oder Nachwuchsgruppenleiter. Das Gesetz regelt die Zeithorizonte ihrer Karrieren einheitlich: Nach der Promotion, für die es bis zu sechs Jahre gibt, beginnt der kritische Moment, der für die Etablierung in der Forschung und die Berufung auf eine Professur entscheidende Zeitpunkt. Dafür konnten Stellen bisher für weitere sechs Jahre befristet werden. Künftig soll die befristete Anstellung in der Postdoc-Phase nur noch für vier Jahre möglich sein; eine weitere Befristung um zwei Jahre setzt nach dem Willen des Gesetzentwurfs eine belastbare Zusage für eine unbefristete Anschlussstelle voraus.

Jene Regelungen sind Ausnahmen von den Vorschriften des allgemeinen Arbeitsrechts über die sachgrundlose Befristung, die für das Hochschulpersonal nicht passen. Schließlich, so die übliche Begründung, sind solche Qualifikationsstellen kein Arbeitsverhältnis wie jedes andere, sondern ein Wettbewerb um die Berufung auf Lebenszeitprofessuren, in dem sich die Besten durchsetzen. Die Universitäten sind deswegen sehr zurückhaltend in der Schaffung von unbefristeten wissenschaftlichen Stellen unterhalb der Professur. Ist eine Stelle unbefristet besetzt, kann sie für die nächsten Kohorten von jungen Wissenschaftlerinnen blockiert sein. Hypothese: Originelle Forschung entsteht nur aus einer gewissen Unsicherheit und Risikobereitschaft heraus.

Gegenfrage: Wie passt das zur Einrichtung von Professuren auf Lebenszeit, auf denen einem gar nichts mehr passieren kann, solange man keine silbernen Löffel klaut? Zu den Eigenarten des Karrieresystems Wissenschaft gehört, dass es den äußeren Originalitätsdruck in der Postdoc-Phase maximiert, um ihn nach Erreichen der Lebenszeitberufung plötzlich und für immer drastisch zu reduzieren – etwas Abgebrühtheit vorausgesetzt auf null.

Was der Bundesgesetzgeber nicht regeln kann

Wie konnte der Konflikt um das WissZeitVG so eskalieren? Die Twitter-Kampagne #IchBinHanna wurde seit 2021 schnell zu einer regelrechten Protestbewegung gegen die Zustände an deutschen Universitäten,[1] die durch öffentliche Stellungnahmen der Wissenschaftsorganisationen angeheizt wurde.[2] Erst am Ende stand das unglückliche, dann skandalöse Agieren der Ministerin: Anfang 2023 musste sie ein unzureichend abgestimmtes Eckpunktepapier unter großem Getöse wieder zurückziehen (»zurück in die

1 Amrei Bahr / Kristin Eichhorn / Sebastian Kubon, *#IchBinHanna. Prekäre Wissenschaft in Deutschland*. Berlin: Suhrkamp 2022.

2 *Für attraktive wissenschaftliche Karrieren in Deutschland*. Stellungnahme der Allianz der Wissenschaftsorganisationen vom 27. März 2023 (www.allianz-der-wissenschaftsorganisationen.de/wp-content/uploads/2023/03/200230327_Allianz-Stellungnahme_Attraktive-Wissenschaftskarrieren_fin.pdf).

Montagehalle«), dann machte sie sich just zu Beginn des Gesetzgebungsverfahrens über den zweiten Entwurf politisch untragbar, als ihre Hausleitung um schwarze Listen propalästinensischer Wissenschaftler bat, um Förderungen zu überprüfen. Kein idealer Start der parlamentarischen Beratung.

Eine Erklärung für den prinzipiellen Charakter des Konflikts könnte darin liegen, dass die Gruppe, die es betrifft, überhaupt erst durch das Gesetz geschaffen wurde. Was ist schon das gemeinsame Interesse von Promovierenden in den Ingenieurs- oder Rechtswissenschaften auf der einen Seite, auf die nach dem akademischen Zwischenspiel glänzend bezahlte Jobs warten und von denen die Unis deswegen abhängiger sind als umgekehrt, und auf der anderen Seite von Postdocs in großen experimentellen Arbeitsgruppen oder von Habilitanden in kleinen geisteswissenschaftlichen Fächern, die alles auf die Karte der wissenschaftlichen Karriere setzen müssen?

Das Problem dahinter ist der verfassungsrechtliche Rahmen: Der Bundesgesetzgeber darf gar nichts anderes regeln als die völlig isolierte arbeitsrechtliche Frage der Höchstbefristung, nicht aber die hochschulrechtliche Seite wissenschaftlicher Karrieren und die sinnvolle Abstimmung unterschiedlicher Karrierewege (Juniorprofessuren, Nachwuchsgruppenleitungen, Stipendien, Mittelbaustellen usw.) aufeinander. Gerade das aber schlägt um in Mobilisierung: Den »wissenschaftlichen Nachwuchs« gibt es, weil die Tatbestände des Gesetzes eine Betroffenengruppe schaffen.

Diese Betroffenen sind nämlich nicht dasselbe wie der alte akademische Mittelbau, zu dem das gesamte graduierte, auch unbefristete wissenschaftliche Personal gehörte, das keine Professur innehat. Jener durch das Gesetz erst zu Selbstbewusstsein gekommene »Nachwuchs«, zu dem man je nach Fachkultur auch noch mit Mitte vierzig gehören kann, hält wegen des Gesetzes der Wissenschaftspolitik des Bundes – und nicht etwa den nach dem Grundgesetz zuständigen Ländern – ihre fehlende Gesamtkonzeption für Karrierewege an Hochschulen vor. *Weil* der Bund nur die allgemeinste Generationenfrage der Verweildauer in der Nachwuchskohorte regeln darf, wurde die Frage zu einem stark identitär geführten Generationenkonflikt aufgebaut.

Die zumeist aus dem Kreis der Betroffenen stammenden Gegner der Reform, mit denen sich freilich zahlreiche Professoren vor allem der Geistes- und Sozialwissenschaften solidarisiert haben, zeichnen den wissenschaftlichen Nachwuchs gerne als prekäre soziale Schicht in dauernder Abhängigkeit und Ausbeutung unter permanenter Drohung mit einem »Berufsverbot« nach Erreichen der Befristungshöchstdauer.

Das Gesetz soll eine Gefahr darstellen für den Wissenschaftsstandort Deutschland, wenn die Besten als Folge seiner Fehlsteuerung nicht kommen oder abwandern (nur: wohin?). Schon das Ausfüllen der Formulare über befristungsrelevante Vorbeschäftigungen – eine Demütigung. In der Regel verweisen die Aktivisten auf die vergleichsweise sehr hohen Befristungsquoten des wissenschaftlichen Personals an deutschen Universitäten. Auf der Plattform X kursieren dazu absurde Grafiken. Der vermeintliche Skandal wird freilich deutlich kleiner, wenn man die Doktoranden herausrechnet, die in Deutschland in vielen Fällen zu ihrem Vorteil sozialversicherungspflichtig beschäftigt und keine *PhD students* sind.

Die Befürworter des bisherigen Befristungsmodells hingegen, in aller Regel in der Komfortzone der Lebenszeitstellung tätig, jedenfalls ausnahmslos Gewinner des bisherigen Systems und als solche besonders fest von dessen meritokratischer Legitimation überzeugt, sehen vor allem die Anspruchshaltung von Millennials in der biografischen Energiekrise, die gerne verlässliche Dauerstellen gleich nach dem Master-Abschluss hätten, im Übrigen den Wettbewerb scheuen und ihn deswegen als »neoliberal« politisch attackieren. Man selbst wollte ja damals noch vorankommen und richtig was leisten!

Kaschierte Konflikte

Die wirkliche Interessenlage ist wie immer komplizierter. Alle strukturell ungelösten Probleme der Wissenschaftspolitik treffen sich in der, für sich betrachtet, eigentlich marginalen Frage einer bundesrechtlichen Regelung des Befristungsrechts. Etwa das für internationale Bewerber unattraktive Dienstrecht (das die Internationalisierung erschwert), aber auch die scharfe materielle Ungleichheit zwischen Universitäten und außeruniversitären Forschungseinrichtungen. Dass dieselben Befristungsregelungen für Postdocs an den exzellent finanzierten Max-Planck-Instituten gelten, die den Lehrbetrieb nur vom Hörensagen kennen, wie für Lehrstuhlmitarbeiter mit hoher Lehr- und Prüfungsbelastung, kaschiert einen Klassenunterschied, der vielleicht zu rechtfertigen wäre, wenn die Besetzung der Qualifikationsstellen an den Max-Planck-Instituten halbwegs wettbewerblich geschähe und nicht in den meisten Fällen dem Gutdünken der Direktoren obläge, rituell verbrämt als »Harnack-Prinzip«. Es soll ja auch Fächer geben, in denen die MPIs zwar ein Vielfaches der universitären Forschung kosten, aber bestenfalls durchschnittliche Forschungsergebnisse vorzuweisen haben.

Indirekt geht es auch um die Forschungsfinanzierung durch vorwiegend projektbezogene Drittmittel, von denen der größte Anteil aus dem Bundeshaushalt stammt und etwa zu gleichen Teilen direkt und über die Finanzierung der DFG ausgegeben wird. Drittmittel tragen ungefähr ein Drittel zu den Budgets der Hochschulen bei, obwohl sie nicht deswegen so heißen. Weil über den langwierigen Antragsverfahren das Wort »Wettbewerb« steht, gilt die Verschiebung der Finanzierungsanteile von der Grundfinanzierung zu den Drittmitteln als Indikator der »Ökonomisierung« der Hochschulen. Dabei kann von einem wirklichen Wettbewerb bei der gremiengesteuerten Aushandlung und Festlegung von Marktanteilen ohne Beteiligung von Kunden natürlich keine Rede sein.

Mit der Befristung hat das zu tun, weil der Gesetzgeber in § 2 Abs. 2 WissZeitVG eine Ausnahme geschaffen hat und Beschäftigte in Drittelmittelprojekten von der Geltung der Befristungsverbote ausnimmt. Der Bundesgesetzgeber hält seine eigenen Regelungen also dort für besonders unpassend, wo er selbst finanziell engagiert ist, und schafft auf diese Weise starke Ungleichgewichte zwischen drittmittelstarken und drittmittelschwachen Fächern auf der Angebotsseite des akademischen Arbeitsmarkts. Letztere sind vor allem die »Buchfächer«, die Geisteswissenschaften, aus denen der Widerstand gegen das WissZeitVG sich deswegen auch vornehmlich rekrutiert, Fächer also, in denen nicht nur die Promotion, sondern auch ein ernstzunehmendes Postdoc-Projekt nach wie vor im Kern die Form der Monografie verlangt.[3]

Ob diese Disziplinen durch die alte Regelung benachteiligt waren, kann man unterschiedlich beurteilen; jedenfalls sind sie es durch den Reformentwurf. Wer in ein paar flotten Papers ein marktgängiges Thema pitchen will, mag das in der Frist von vier Jahren schaffen, bevor künftig über die Dauerstelle entschieden werden muss. Wer sich für eine quellenintensive Spezialstudie Zeit nimmt, schafft es in der Regel nicht. Die Folge ist, dass in zunehmendem Maß schon der Erfolg der Promotion über die Karriere entscheidet, ohne dass das Promotionswesen dafür sinnvoll aufgestellt wäre.

Öffnung, Dezentralisierung und Wettbewerb

Was wäre also naheliegender als die vollständige Abschaffung des Gesetzes und seine Ablösung durch Öffnungsklauseln für universitäts-, länder- oder fachspezifische Regelungen über Qualifikationswege und -stellen? Was spräche etwa dagegen, in den Gremien der DFG Leitlinien für die Gestaltung von Arbeitsverträgen des Nachwuchses ausarbeiten zu lassen, wie es ja auch schon Leitlinien zur Sicherung guter wissenschaftlicher Praxis gibt? Fachspezifische Lösungen wären auf diese Weise ebenso leichter möglich wie faire Regelungen für drittmittelfinanzierte Projekte. Diese Leitlinien würden allgemeinverbindlich, wenn sie Hochschulen, die sie nicht beachten, kurzerhand von der Einwerbung von Drittmitteln ausschlössen. So ist es beim Fehlverhaltenskodex nämlich auch.

Doch eine solche Lösung, die statt der Bundespolitik die sich in der DFG selbst verwaltende Forschung in die Pflicht nähme, will offenbar niemand, einmal abgesehen von der Frage, ob sie arbeitsrechtlich machbar wäre. Nicht nur dürfte die DFG sich scheuen, in den Konflikt einzutreten. Vor allem zeigt sich hier, wie groß das Interesse daran ist, dass sich die Reformfrage tatsächlich auf die kleine, vom Bundesgesetzgeber regelbare Frage der Befristungshöchstdauer beschränkt, mit anderen Worten: worüber *nicht* gesprochen wird.

Nach wie vor ist an den Universitäten die Macht zur Verteilung von Stellen und Chancen in der Regel nicht in kollegiale Strukturen oder nachvollziehbare Verfahren eingebettet, sondern dezentral in Form von persönlich zugeordneten Stellen bei den einzelnen Professuren angesiedelt (»Lehrstuhlprinzip«). Die Entscheidung über die Besetzung von Stellen ist aber in der Regel zugleich eine Entscheidung über Chancen bei der Promotion und in der Postdoc-Phase. Weder bei der Zulassung zum Studium noch zur Promotion noch sonst wann gibt es vor der Bewerbung auf Professuren sinnvolle, transparente und kompetitive Zulassungsverfahren, aus denen Bewerber mit dem Prestigegewinn der erfolgreichen Bewerbung hervorgehen. Stattdessen: Zufall, Loyalitäts- und Dankesschulden.

3 Steffen Martus / Carlos Spoerhase, *Geistesarbeit. Eine Praxeologie der Geisteswissenschaften*. Berlin: Suhrkamp 2022.

Drittmittel ändern daran nichts, sondern verteilen nur die Verteilungsmacht ungleich. Da die vom System Begünstigten ihre eigenen Entscheidungen zudem fast stets für wohlbegründet halten, ist der Veränderungsdruck gleich null. Nur über die Kollegen wundert man sich hier und da, wen die da wieder fördern, aber im Zweifel gilt: leben und leben lassen. Das funktionierte gewiss noch besser, solange sozial und heuristisch relativ geschlossene Professionskulturen relativ einheitliche Maßstäbe der dezentralen Nachwuchsrekrutierung garantierten. In diverseren, pluralistischeren Wissenschaftskulturen mit ihren Binnenkonflikten wird dieses Prinzip strukturell inadäquat. Deswegen wird über die Befristung ein Problem thematisiert, das eigentlich im *Zugang* zu den befristeten Stellen liegt. Solange dieses nicht gelöst ist, haben jene ein gutes Argument, die statt auf dem »hazard« der Personalauswahl lieber auf planbaren Karrieren in einer Wissenschaft als Beruf bestehen.

Wer sonst könnte die im Bundesministerium halb blockierte, halb verweigerte Rolle des Impulsgebers einer ernsthaften Reformpolitik spielen? Die Länder fallen trotz ihrer umfassenden Zuständigkeit wahrscheinlich aus. Schon die Chance einer Reform der Personalverfassung der Hochschulen und der Organisation der Fakultäten, die das Tenure-Track-Programm des Bundes bot, haben sie nicht genutzt. Überhaupt führt der Reformweg der Länder in einem überregional funktionierenden Hochschulsystem über das Verhandlungs- und Konsensprinzip der Kultusministerkonferenz, das jeden anspruchsvollen Reformansatz ausschließt.

Bleiben die Universitäten. Noch sind sie in ihrer Haltung zum WissZeitVG gespalten. Aber von ihnen kann nach Lage der Dinge am ehesten ein ernsthafter Reformimpuls ausgehen. Der Weg dazu wäre gar nicht so kompliziert: Das WissZeitVG müsste sich nur auf eine Mindestbefristung beschränken, im Übrigen aber alle Hochschulen vollständig vom arbeitsrechtlichen Befristungsrecht freistellen. Eine Mindestbefristung ist sinnvoll, denn es ist schlechte Praxis, Forschende gefügig zu halten, die alle paar Monate um die Verlängerung ihres Vertrages bitten müssen.

Mit einer generellen Ausnahme von Befristungsverboten für wissenschaftliche Stellen müssten sich die Unis selbst überlegen, ob und in welchen Fächern ihr komparativer Vorteil eher in einem Angebot an junge »high potentials« liegt, denen man für einige Jahre eine besonders gute Forschungsumgebung anbietet, aber keine dauerhafte Bleibeperspektive, oder in planbar unbefristeten Stellen; wie Zielvereinbarungen für solche Stellen abgeschlossen werden können und wie in allen Karrierephasen Anreize für originelle Forschung erhalten bleiben. Die Hochschulen müssten die Grundsätze dafür schon aus Gründen der Gleichbehandlung generell aufstellen und nicht im Einzelfall entscheiden. Indirekt läge der Vorteil einer solchen Lösung daher nicht zuletzt in einem Zwang zur Professionalisierung der Personalentwicklung an Hochschulen. Sie wird bisher nicht gebraucht, weil über das optimale Ergebnis der Personalentwicklung (Wegberufung) ohnehin woanders entschieden wird.

Eine zu kalte, zu unternehmensförmige Lösung? Marktförmiger als die bisherige gesetzliche Definition gleichförmiger Lebenszeitschaufenster geht es kaum. Was die Hochschulen aus ihrer Autonomie machen, ist schließlich auch ansonsten ihnen überlassen. Und nicht zuletzt sind es die Proteste gegen das WissZeitVG, nicht seine Verteidiger, die sich auf die alte Idee berufen, dass die Hochschulen Gegen-Orte der Gesellschaft, Institutionen wenn nicht eines besseren Selbst und freierer Reflexion, so doch zumindest weniger zweckrational organisierter Arbeitsbeziehungen sein sollen.[4] Was immer man von Campus-Protesten gegen den Gaza-Krieg hält: Immerhin scheint die akademische Jugend die Universitäten noch nicht vollends als bloße Teilchenbeschleuniger ihrer Singularitäten zu sehen.

4 Morten Paul, *Über Hochschulproteste 2024/1968*. In: *Merkur-Blog* vom 23. Mai 2024 (www.merkur-zeitschrift.de/2024/05/23/ueber-hochschulproteste/).

Literaturwissenschaft als Kunsthandwerk

Von Tim Lanzendörfer

Zu den vielleicht nicht überlebenswichtigen Fragen, die man sich gegenwärtig stellen kann, gehört jene, wie sich Literaturwissenschaftler ihren Alltag vorstellen, wie sie konkret handeln, welche Praktiken sie verfolgen und was diese Praktiken für die Gesellschaft bedeuten. Diese Fragen betreffen also Selbst- genauso wie Fremdverständnis des Fachs, auch wenn sie häufiger innerhalb als außerhalb seiner gestellt werden. Eine der überraschenderen internen Einlassungen kommt dabei von dem amerikanischen Literaturwissenschaftler Jonathan Kramnick. Sein jüngstes Buch, *Criticism & Truth*, ist explizit als Diskussion der Praxis der Literaturwissenschaft gedacht – und von deren Zugriff auf die Welt.[1]

Die Begriffe, die Kramnick dabei wählt, sind zumindest ungewöhnlich: Neben handelsübliche Termini wie Methode und eben *practice* setzt er den Begriff der Wahrheit und den des *craft*, des Handwerks, und liest diese als notwendigerweise miteinander verwoben. Wissenschaftliche Disziplinen, so beginnt Kramnick, gründen ihre Fähigkeit, Wahrheiten über die Welt (beziehungsweise den von ihnen beschriebenen Teil der Welt) zu erzählen, in Methoden. Für Kramnick ist die wissenschaftliche Methode des *close reading* jene, die die Expertise des *literary criticism*, also der anglophonen Spielart der Literaturwissenschaft, begründet. Und im *close reading* steckt das Handwerk, wie er emphatisch ausführt, dabei schließt er an eine breitere Debatte in der Anglophonie an: »Close reading isn't reading. It's writing«, genauer: das »craftwork of spinning sentences from sentences already in the world«.

Bei Kramnick ist Literaturwissenschaft explizit Handwerk, und wenn ich diesen Begriff gleich noch etwas komplizierter lesen möchte, sei vielleicht gesagt: Das scheint nicht so abwegig. Wir sprechen

1 Jonathan Kramnick, *Criticism & Truth. On Method in Literary Studies*. University of Chicago Press 2023.

sicherlich alle zwischendurch mal vom »Handwerkszeug,« das wir in Anschlag bringen, und vom »Werkzeugkasten« der Literaturwissenschaft, ohne uns die Tragweite und -fähigkeit dieser Metaphern richtig vor Augen zu führen. Für Kramnick ist die Literaturwissenschaft aber zugleich auch, so muss das wohl gelesen werden, eine Kunst. Er benutzt den Begriff »Kunst« sogar selbst, mit Bezug auf Friedrich Schleiermacher, und erläutert dessen Verwendung. Kunst bedeute »fine arts as well as skilled craftsmanship«; mit Schleiermacher versteht er dann die Hermeneutik – genauer: das *close reading* – als »*eine Kunst*, in manner if not outcome«.

Der interpretative Akt sei unausweichlich kreativ, mehr noch: Wie Lyrik oder erzählende Literatur bedürfe er des Fingerspitzengefühls und der Geschicklichkeit des Schaffenden – hier des Literaturwissenschaffenden. Tatsächlich ist Kramnicks gesamter argumentativer Gedankengang direkt daraufhin ausgelegt. »Close reading as method, method as skilled practice, practice as creative action, and creative action as justified truth«: So, argumentiert er, ließe sich letztlich Literaturwissenschaft begründen. Die Methode begründet die Wahrheit, der Weg ist unausweichlicher Teil des Ziels.

Kunst und Handwerk: Bei Kramnick kristallisiert sich Literaturwissenschaft als eine Praxis heraus, die ich gerne ohne das »und« diskutieren möchte, eben als Kunsthandwerk. Zugegeben, Kramnick selbst nutzt den üblichen englischen Begriff, »arts and crafts,« so nicht. Seine Begriffe der »art« und des »craft« mit Kunsthandwerk zu übersetzen ist begriffslogisch, glaube ich, trotzdem richtig und stellt die entsprechenden Anforderungen an die Literaturwissenschaft, nämlich sich darüber klar zu werden, welche Anteile von Handwerklichem und welche Anteile von Künstlerischem ihrer Wissenschaftlichkeit zugehören – und was es bedeutet, sich so oder so festzulegen oder zumindest in diese oder jene Richtung zu lehnen. Der deutsche Begriff hat einen gewichtigen Vorteil gegenüber dem unbenutzten englischen: Er spart sich die Konjunktion und verbindet seine Teile so enger, sogar notwendig, eine hilfreiche Zuspitzung.

Die Idee eines »Kunsthandwerks Literaturwissenschaft« ist für manche Ohren sicherlich widersprüchlich, verbindet sie mit den Bezügen auf *techne* und *episteme* doch zwei gegensätzliche Aspekte aristotelischen Denkens – Begriffe, die, wie der Technikphilosoph und KI-Kritiker Matteo Pasquinelli schreibt, »funktional wurden, um soziale Hierarchien im Westen zu beschreiben«,[2] nämlich jene, die das wissenschaftliche Wissen der *episteme* gegenüber dem Handwerk der *techne* überhöhen, die Arbeit in den *white-collar*-Professionen gegenüber den *blue collar* als wichtiger, vielmehr: als wertvoller, höher (wahrer, schöner, besser?) zu verstehen.

Wissen und Erkennen stehen sozialhierarchisch über dem bloßen Tun, und künstlerisches Schaffen erst recht. In seiner Verbindungsbegründung bemüht Kramnick Überlegungen des Philosophen Gilbert Ryle, dessen Unterscheidung zwischen »knowing how« und »knowing that«, zwischen Handlungswissen und Faktenwissen, sich durch die Debatte zieht und auf

2 Matteo Pasquinelli, *The Eye of the Master. A Social History of Artificial Intelligence*. London: Verso 2023.

ähnliche Weise danach trachtet, die Trennung zwischen Schaffen und Denken aufzuheben.

Genau hierin liegt der Reiz der Analyse: Die Idee, Literaturwissenschaft als »craft epistemology« zu verstehen, lokalisiert diese in einem interessanten Spannungsfeld. Denn auf der einen Seite trägt Kramnick zu einem Programm der Entmystifizierung bei. Literaturwissenschaft als Kunsthandwerk ist dann »nur« kreatives Handwerk, also erlernbarer als Kunst und dabei trotzdem auf gebührendem Abstand zu ihr. Gleichzeitig wird sie aus dem intellektuellen Elfenbeinturm gelöst, eben weg von den sozialen Hierarchien von Professionalität und Laientum.

Auf der anderen Seite aber wird die Lage dadurch nicht wirklich besser, nicht wirklich egalitärer. Dem Schaffensbegriff bei Kramnick wohnt ein auratisches Moment des Taktilen, (Menschen)handgemachten inne: »Knowledge resides in the fingers doing the writing as much as in the eyes doing the reading«, schreibt er etwa. Erinnert fühlen mag sich, wer Walter Benjamin gelesen hat. Der nämlich schreibt in *Der Erzähler*: »Das Erzählen ist ja, seiner sinnlichen Seite nach, keineswegs ein Werk der Stimme allein. In das echte Erzählen wirkt vielmehr die Hand hinein, die mit ihren, in der Arbeit erfahrenen Gebärden, das was laut wird auf hundertfältige Weise stützt.« Der Verweis auf Benjamin kommt hier auch nicht von ungefähr. Nicht nur zieht sich durch dessen Werk der Verweis auf das Handwerk, wie Esther Leslie zeigt (der ich auch mein Beispiel verdanke),[3] auf Webkunst und Töpferei. Benjamin schreibt in einer technik- und literaturwissenschaftsgeschichtlich (und leider auch politisch) ganz ähnlich gelagerten Situation, und seine Verknüpfung von Handwerk, Authentizität und insbesondere der Einschätzung des Vorindustriellen ist hilfreich, um eine Bewertung der kunsthandwerklichen Geste zu erreichen.

Schnell zeichnet sich ab, wie schwierig das Ganze im Detail dann doch ist. Wenn Kramnick sagt: »Die handwerkliche Praxis des Zitats im Satz besteht darin, die Wörter eines oder einer Anderen so einzubetten, dass die passende Form eine Art Gewebe ergibt«,[4] hören wir nicht nur Echos von Benjamins *Erzähler* (»Rat, in den Stoff gelebten Lebens eingewebt, ist Weisheit«), sondern stehen auch vor einem nicht von der Hand zu weisenden Problem im Gedankensystem. Für Kramnick ist es die »aptness« des Schaffens und des Gemachten, die letztlich epistemische Bedeutung hat: »The veracity of any inquiry depends on how well the performance is done.« Tatsächlich ist bei Kramnick unklar, wie genau die eigentliche Performance denn Abbildung im Ergebnis findet, außer im Zirkelschluss, dass Gutes auch gut gemacht sein muss. Die Performanz ist letztlich doch das Ergebnis selbst. Wer den Debatten über die Qualitätskriterien der Literaturwissenschaft der letzten zehn Jahre gefolgt ist, wird sich erinnert fühlen.

3 Esther Leslie, *Walter Benjamin: Traces of Craft*. In: *Journal of Design History*, Nr. 11/1, 1998.

4 »The skilled practice of in-sentence quotation consists in embedding the words of another so that the apt form is something of a weave.«

Kunsthandwerkliche Praktiken

Von einer anderen Warte entmystifizieren die Germanisten Steffen Martus und Carlos Spoerhase die Praktiken der Literaturwissenschaft. An die Stelle von Kramnicks knapp-aufrührerischer Essayistik rücken bei Martus und Spoerhase sechshundertfünfzig engbedruckte Seiten ausführlicher Praxisbeschreibung, die von der Verfolgung extrem kleinteiliger Textarbeit bis hin zur Auffächerung der Struktur Jahrzehnte dauernder Drittmittelforschung und zur Lehr- und Lehrstuhlarbeit reichen.[5] Aber, und das ist auffällig: Auch hier changieren etliche der beschriebenen Praktiken – insbesondere die interpretatorisch-hermeneutischen – ins Handwerkliche, einige der Verfahren ins quasi Kunsthafte. Die Praxistheorie, die die Autoren verwenden, ist hier explizit: Sie »berücksichtigt die Dimension der Könnerschaft als Konglomerat eingekörperter ›handwerklicher‹ Fähigkeiten«.

Ganz konkret geht es dabei dann auch um die Arten von Praxis, die Kramnick als Alleinstellungsmerkmal der Literaturwissenschaft ausmacht und die wohl nicht allumfassend auf die Geisteswissenschaften übertragen werden können. Gleich zu Beginn von *Geistesarbeit* zeigen die Autoren, wie der Komparatist Peter Szondi an seinem Habilitationsvortrag feilte: In einer »fieberhaften Unruhe«, die der des geniegequälten Künstlers sehr ähnelt, entstehen maschinenschriftliche und handschriftliche Fassungen des Texts, oft mit marginalen Unterschieden, die, so Martus und Spoerhase, »sich – von außen gesehen – nicht oder zumindest nicht allein aus der für jeden ersichtlichen Sache heraus begründen« lassen. Szondis Änderungen folgen keiner nachvollziehbaren, extern absicherbaren Begründung. In diesem Sinn zumindest beruhen sie nicht auf *episteme*, sondern auf den weitaus kontingenteren Fertigkeiten der *techne*. Szondis Text, so Martus und Spoerhase, wird nämlich nicht »einfach ›wahrer‹ oder ›richtiger‹, aber er wird für den Autor im Vollzug der Praxis in vielen Hinsichten besser: stimmiger, treffender, plausibler oder eben insgesamt *passender*« – eben *apt*, wobei »stimmig« und »treffend« schon ästhetische Urteile sind, die Kunstartigkeit zumindest implizieren.

Dieses Passendmachen erfolgt, so zeigen Martus und Spoerhase auch bildlich anhand von Seiten aus Szondis Korrekturexemplaren, »radikaler«, wenn er mit der Hand korrigiert, ist dabei aber immer in einem Spiel verschiedener Produktionstechniken zu denken. »Die Maschinenschrift stabilisiert Formulierungen, die Handschrift flexibilisiert sie«, teilweise in enger Überlappung. Nicht von ungefähr sprechen Martus und Spoerhase in den Momenten engster Verbindung von Hand und Maschine davon, dass die Textarbeit hier »auch handwerklich aufwendiger wird«. Was Szondi zeigt, ist »Know-How in einem Gefüge von Praktiken«, und das klingt natürlich etwas besser, als von »Kunsthandwerk« zu sprechen, bezeichnet aber meines Erachtens etwas fast Gleiches – und zumindest exakt das, was Kramnick ebenfalls ausführt, sogar mit den gleichen, von Gilbert Ryle übernommenen Begriffen: *know-how* und/gegen *know-that*. Was augenscheinlich geistige

5 Steffen Martus/Carlos Spoerhase, *Geistesarbeit. Eine Praxeologie der Geisteswissenschaften*. Berlin: Suhrkamp 2022.

Arbeit ist, wird zu einer körperlichen, händischen.

Martus und Spoerhase legen ein dickes Buch vor, weil sie die ganze Bandbreite der geisteswissenschaftlichen Praktiken erkunden, und in dieser Breite liegt dann auch gerade gegenüber Kramnicks Buch ein Wert: Nicht alles, was Literaturwissenschaft tut, kann Kunsthandwerk sein, einiges ist – wie aber vermutlich im Kunsthandwerk auch – Administrieren auf verschiedensten Ebenen, Suche nach Geldgebern, Ausbildung, Korrespondenz und dergleichen. Anderes ist aber diesen administrativen Tätigkeiten entzogen, und gerade hier (tatsächlich aber auch in anderen Bereichen) begreifen Martus und Spoerhase die Literaturwissenschaft als etwas zwar praktisch Beschreibbares, dabei aber nicht recht Operationalisierbares.

Dabei wird die Literaturwissenschaft auf kuriose Weise reauratisiert und entformalisiert, dem reinen Lehren und Lernen entzogen. Dieses Spannungsfeld kommt nicht von ungefähr: Es beschreibt den Problemhorizont der Geisteswissenschaften in der Gegenwart, zwischen Massenuniversität und einer unsicheren (unter anderem von den Verheißungen der KI dominierten) Zukunft.

Auffällig oft ist bei Martus und Spoerhase die Rede vom »Einüben«, jener repetitiven bis iterativen Handlung, die nicht etwas Gewusstes bewusst hält, sondern etwas zu Erlernendes verfestigt. Bei Martus und Spoerhase ist zumindest in Anführungszeichen von »Novizen« und »Meistern« die Rede: jenen, die das Handwerk noch lernen müssen, und denen, die bereits verbriefte Experten sind. Lernen wird flankiert vom Einüben, vom Falschmachen und Gezeigtbekommen, wie es richtig geht, seltener direkt, öfter durch aktives Beobachten (oder Lesen). Der Weber kann sein Verfahren beschreiben, er kann es auch zeigen; das handwerkliche »Wissen« jedoch kommt erst im Vollzug, in der »performance«, denn nur da hält dann der Stoff zusammen – so weit die Parallele zum Handwerk

Die Dissertation als Gesellenstück, die Habilitation als Meisterbrief? Vielleicht müsste man darüber noch hinausgehen. Denn mit dem Meisterbrief ist es für den Kunsthandwerker nicht getan. Eine künstlerische Ausbildung ist ebenso notwendig, in der auch immer so etwas wie »Talent« vermutet werden muss: Die Literaturwissenschaft bildet insofern nicht aus, sondern sie schmiedet Talente, und wer ohne Talent dasteht, der wird in seinen Texten die *aptness* vielleicht einfach nie erreichen – dafür bleibt sie, bei Kramnick wie bei Martus und Spoerhase, auch einfach zu vage.

Text und Textur: Vielfalt des Gewobenen

Ein letztes Mal Benjamin, mit Leslie. In *Die Aufgabe des Übersetzers* schreibt Benjamin, das Übersetzen sei, wie »Scherben eines Gefäßes [...] zusammen[zu]fügen«. Auch das erinnert an Kramnick: Hier wird, Bruchstück für Bruchstück, eine neue Lesart zusammengeführt. Wenn Übersetzung, wie es im englischen Begriff für Simultanübersetzung – »interpretation« – schon anklingt, immer auch Interpretation ist, und Interpretation die zentrale Aufgabe der Literaturwissenschaft,[6] ist auch

6 Für eine ganz andere Auffassung vgl. Erhard Schüttpelz, *Deutland* (Matthes & Seitz 2023) und *Diesseits von Deutland* (in: *Merkur*, Nr. 899, April 2024).

jene vielleicht ein (kunst)handwerkliches Zusammenfügen von Scherben, von Fragmenten. Bruchstücke von Theorie, Primärtext, eigene Gedanken fügen sich zu einem Ganzen, das Sinn und Form annimmt. Wichtig, so Benjamin, ist bei dieser Arbeit nicht, dass die Bruchstücke sich »gleichen«, sondern dass sie »einander zu folgen« haben; man könnte vielleicht einfacher sagen: Sie müssen passen. Passen wie Szondis Wortwahl, passen wie Kramnicks *aptness*.

Der Text, ob zusammengetöpfert oder gewoben von einem Meister, verbindet Kunsthandwerk und Literaturwissenschaft begriffslogisch: Text der Interpretation und Textur des Gewobenen, Literaturwissenschaftler als Weber (oder wie bei Kramnick ganz am Anfang als, Verzeihung, Spinner?) – wie bei Benjamin schon gesehen und nicht von ungefähr in dessen Analyse Prousts prominent, ist das ja gerade das Künstlerische am Handwerk. Aber die begriffliche Nähe sollte nicht darüber hinwegtäuschen, dass die Ungenauigkeiten, die im Spiel mit den Metaphern des »Handwerkszeugs« alltäglich sind, vielleicht aufdecken, dass jene Metaphern durchaus eines sind: einfach falsch.

Am extremsten tritt das vielleicht wieder bei Kramnick zutage. Von der zunächst sicher richtigen Feststellung, dass sich das *close reading* eben nicht im Lesen erschöpft, sondern zumindest die »expert practice of writing prose and making text« umfassen muss, versteigt er sich dann doch etwas: »Wir verdecken, wie die Praxis, die wir Lesen nennen, eine explanatorische Methode ist. Diese Methode ist Handwerk in einem buchstäblichen Sinn. Etwas, das man mit seinen Händen tut oder macht, der Modus der Aufmerksamkeit ist dabei eine Form von Gewandtheit. Das ›Lesen‹ ist getippt oder in einigen wenigen Fällen von Hand geschrieben.«[7]

Die Behauptung, beim Schreiben handle es sich um so etwas wie Handarbeit, mag auf den ersten Blick plausibel scheinen, auf den zweiten und dritten jedoch scheint sich hier Nichtgleiches zueinander zu gesellen. Wissenschaftlicher Text und Textur des Stoffs, obzwar wortverwandt und hier von Kramnick nicht von ungefähr mit dem Wort »making« verbunden, unterscheiden sich schon: Statt von händischer Gewandtheit wird Ersterer doch im Kopf gemacht, hängt am Ende eben nicht davon ab, wie geschickt die Hand etwas zu Papier bringt – ganz im Gegensatz zur Fertigkeit des Webers. Die Handarbeiten, die Benjamin etwa in seinen Analogien vorschweben, aber auch jene, die Kramnick ins Feld führt, sind in ihrer Handgemachtheit selbst Werk: Nichts außer dem geschickten Zusammenfügen der materiellen Fäden selbst kann die Funktion des Gegenstands und seine ästhetische Qualität produzieren.

Dagegen ist die kunsthandwerkliche Fertigkeit des Literaturwissenschaftlers von seiner händischen Kompetenz unabhängig: Ob wir nun mit der Zweifingersuchmethode, im Zehnfingersystem oder gänzlich ohne Zuhilfenahme der Hände auf die von Martus und Spoerhase ebenfalls beschriebene Diktataufnahme zurückgreifen, tut der Qualität – der nur

7 »We obscure how the practice we call reading is an explanatory method. This method is craftwork in a literal sense. It is something one does or makes with one's hands, and its mode of attention is a kind of dexterity. The ›reading‹ is typed or in some few cases handwritten.«

noch metaphorischen »dexterity« – des wissenschaftlichen Arguments keinen Abbruch. In den Fingern, in den Händen liegt die literaturwissenschaftlich-kunsthandwerkliche Fertigkeit also nicht.

Aber vielleicht kommt gerade hier dann die »Kunst« ins Spiel. Der Unterschied von Handwerk und Kunsthandwerk ist ja ebenso wenig eine Sache rein händischer Fertigkeit, sondern, indem die Produktion von Kunsthandwerk eine ästhetische Leistung darstellt, einer intellektuellen, zumindest aber geistigen Fähigkeit. Die kreative Handlung, das gedankliche Schaffen des Arguments und seine sicherlich zu verschriftlichende, aber eben keiner händischen Geschicklichkeit unterworfene Ausfertigung, ist unausweichlich ein kreativer Akt. Hier wird das Handwerk für Kramnick, Spoerhase und Martus zum Anker: Es verhindert, dass wir uns allzu sehr auf der Seite der Kunst verlieren, steht gleichwohl aber auch dafür, dass wir Platz, Zeit und Freiräume brauchen, um Wahres, Schönes, Gutes zu schaffen.

Artificial Kunsthandwerk

Literaturwissenschaft als Kunsthandwerk zu verstehen heißt, sie zu enttechnokratisieren, sie aus den Sphären bloßer Produktion und Massenware schon von ihrer Natur aus herauszulösen. Das ist, vermute ich, die politische Geste hinter den Überlegungen sowohl bei Martus und Spoerhase wie bei Kramnick. Sie vereint eine Abneigung dagegen, Literaturwissenschaft als formalisierbar zu verstehen, als bloße Abfolge von einfachen Handlungsschritten, mit dem Bewusstsein für die notwendige Professionalität des Fachs als Beruf. Wir können also auch nicht einfach Künstler werden.

Apropos Formalisierung: Es kommt nicht von ungefähr, wenn ich am Anfang dieses Beitrags auf Matteo Pasquinelli zurückgegriffen habe. Dessen Diskussion der Rolle von KI in der Gegenwart ist für die Neupositionierung, die Kramnick, aber auch Martus und Spoerhase vornehmen, nicht unerheblich, und zwar gerade insofern, als diese Neupositionierungen in den »Bereich der Tradition« (Benjamin), hier der Literaturwissenschaft, intervenieren. Bei Martus und Spoerhase ist das zunächst mehr oder weniger offensichtlich, insofern sie auf die Archivalia von fünfzig Jahren geleisteter Geistesarbeit Bezug nehmen; bei Kramnick ist es genau der Nachhall des Kunsthandwerklichen, der sich auf die Tradition bezieht, mit den Echos eines modernistischen Arbeitens am komplex-schwierigen Text, der überhaupt nur das Verweben in eigene Gedanken gestattet.

Tatsächlich, so würde ich behaupten, schlägt am Ende bei allen dreien durch, wie sehr sie einem vielleicht idealisierten, zumindest aber modernistischen Bild der Literaturwissenschaft anhängen. Allein mit den Fertigkeiten ist es ja auch bei ihnen nicht getan, vollständig auf Formalismen (auf ein »know-how«) wollen sie sich gerade nicht reduzieren lassen. Es schwingt, gerade in jenen Momenten, wo Martus und Spoerhase sich dann doch auf die Gegenwart beziehen, der Wunsch nach mehr Zeit mit, nach mehr Ruhe, mehr Entfaltungsmöglichkeit als Gegenentwurf zum doch sehr auf messbare Ergebnisse hin orientierten Zustand der Projektgeisteswissenschaft. Und das eben genau in jenem Moment, wo nicht nur die menschlich-bürokratischen Verhältnisse der Universität in Richtung Formalismus tendieren, sondern auch das Schreiben von Text selbst.

Denn die KI verspricht oder droht, der literaturwissenschaftliche Moment der technischen Reproduzierbarkeit zu werden. Die Aussichten sind ungewiss, die Fragen aber klar: Wenn KI die Instanz kompletter Formalisierung, reiner vierter Industrialisierung ist, was kommt den Literaturwissenschaften im schlimmsten Fall abhanden, was wird ihnen im besten Fall geschenkt? Im gegenwärtigen Modus der KI, so stellte es Paola Lopez kürzlich dar, »wird nun nicht mehr die Frage gestellt, ob der Weg zu einem Ergebnis sinnvoll ist«. »Vielmehr wird entlang verschiedener mathematischer Gütekriterien beurteilt, ob das Ergebnis hinreichend zufriedenstellend ist. Ist das der Fall, dann wird stillschweigend unterstellt, dass auch der Weg dorthin sinnvoll gewesen sein muss.«[8] Insofern sind die Projektgeisteswissenschaften eben formalistisch, könnte man sagen: Der gute Projektantrag ist einfach der erfolgreiche Projektantrag.

Der mathematischen Korrektheit stellt die kunsthandwerkliche Literaturwissenschaft die performative *aptness* gegenüber, die das Auratische erhält und die Mechanisierung verneint. Dann doch noch mal Benjamin: Dessen eigener Moment der technischen Reproduzierbarkeit ist der Moment billiger industrieller Massenproduktion. In diesem Moment könnten, so schreibt Esther Leslie, sowohl die Geschichten des Erzählers wie der hand-

8 Paola Lopez, *Artifical Intelligence und die normative Kraft des Faktischen*. In: *Merkur*, Nr. 863, April 2021.

gemachte Topf nicht abseitiger sein. Sie seien »formed by a life that has something to tell«. Leslies Auslegung platziert jene Formen im Auratischen, eben jenem »Hier und Jetzt des Kunstwerks«, nicht so sehr als zu betrachtendes Objekt denn als einmalig Geschaffenes. Nach Benjamin »entzieht sich« das »Echte« (Wahre, Schöne, Gute?) »der technischen Reproduzierbarkeit«. »Echt« ist nicht die gleiche Kategorie wie »wahr«, der Endpunkt von Kramnicks Reihung oben, so viel ist richtig. Und vielleicht höre auch nur ich die Echos, die in Kramnicks und Martus' und Spoerhases Texten anklingen, wenn sie sich der handgemachten, selbsterklärenden, unergründlichen Textproduktion in den Literaturwissenschaften von Seiten des Handwerks nähern.

Sollte ich aber nicht ganz falsch liegen, ergäben sich interessante Folgen. Insofern, als sich in beiden Gedankengängen eine Rückbesinnung auf das Auratische abzeichnet, fällt ärgerlicherweise wieder heraus, was bei Benjamin die durchaus positive Konsequenz der technischen Reproduzierbarkeit war, nämlich die Fundierung der sozialen Funktion der Kunst auf Politik und sogar so etwas wie eine gemeinsame, ja kollektive Erfahrung eben gerade am Reproduzierten, am Technischen.

Wenn Kramnick wie Martus und Spoerhase darauf abzielen, in die gegenwärtigen Debatten um die Rolle der Geistes- und Literaturwissenschaften zu intervenieren, dann tun sie dies im Duktus des Auratischen zum Leidwesen einer Diskussion der wichtigeren Fragen: nämlich der sozialen Funktion der Literaturwissenschaft im Lebensweltlich-Politischen. Dort bleiben sie Antworten schuldig: Denn warum es nicht nur richtig, sondern auch gesellschaftlich gut ist, wenn Wissenschaftler Kunsthandwerker sind (und bleiben), weiß am Ende keiner.

Große Mehrheit, was nun? Nach der Wahl in Großbritannien

Von James Butler

Keir Starmer ist jetzt das zentrale Faktum der britischen Politik. Es ist ihm gelungen, eine außergewöhnliche Mehrheit zu erreichen. Seine Vorlieben und Commitments werden das Land formen. Eine Welle des Ekels über den Konservatismus hat ihn an die Regierung gebracht. Die Sehnsucht nach einem Wechsel hat sich sozialdemokratisch gekleidet, aber der Ekel richtet sich gegen das ganze System: Die gesunkene Wahlbeteiligung und der Erfolg der unabhängigen Pro-Gaza-Kandidaten, der Grünen und von Nigel Farages Reform-Partei lassen eine weit stürmischere erste Amtszeit erwarten, als man noch vor nicht allzu langer Zeit vermutet hätte.

Es wäre ohnehin lächerlich, wollte Starmer zum Antritt einfach strahlenden Optimismus verbreiten. Wenn das ein Neubeginn ist, dann ein sehr ungewisser. Starmer hat immer wieder auf seine einfache Herkunft und seine Jedermann-Eigenschaften hingewiesen, er ist aber auch jemand, der Festlegungen ausweicht und seine Ansichten wechselt. Sein Wahlmanifest hat »Wechsel« versprochen, aber wirklich festgelegt hat er sich in nur wenigen Punkten.

Anders als Tony Blair erbt Starmer ein kaputtes und dysfunktionales Land. Wo Blair auf einem Boom surfen und von einer friktionslosen, im Zeichen der Ökonomie vereinten Welt träumen konnte, steckt Starmers Großbritannien in einer Dauerkrise fest, ist ökonomisch halbtot und von einem tiefen – wenngleich gut begründeten – Zynismus erfasst, was die Politiker und die Fähigkeit des Staats zur Verbesserung des Lebens der Menschen betrifft.

In der Wahlnacht fand die so lange aufgeschobene Schadenfreude endlich ihr Ziel: die Vernichtung von Liz Truss, die Auslöschung von Rees-Mogg, das Aus des ehemaligen Innenministers Grant Shapps. Aber für wirkliche Freude waren zu viele der Verantwortlichen für das kaputte Britannien schon nicht mehr dabei. Der Sieg von Labour schien schon so lange unvermeidlich, dass man die Plötzlichkeit und den Umfang des Wandels leicht unterschätzt – und auch den Impuls der Ermutigung, der für Labour davon ausgehen sollte. Boris Johnson hatte die Wahl 2019 mit einer Mehrheit von 80 Sitzen und 44 Prozent der Wählerstimmen gewonnen. Fünf Jahre später hat Starmers Labour 412 Sitze – eine Mehrheit von 175 –, während den Tories gerade 121 geblieben sind.

Und doch ist es ein liebloser Erdrutsch und ein seltsames Resultat. Das Mehrheitswahlrecht verzerrt das Ergebnis enorm: Labour hat mit 34 Prozent der Wählerstimmen – also dem Niveau des späten, angeschlagenen Blair – 65 Prozent der Sitze erreicht. Die Schottische Nationalpartei ist vernichtend geschlagen. Jeremy Corbyn, der als Unabhängiger antreten musste, wurde, angesichts der Parteischikanen zu Recht, wiedergewählt, ein Anker für die steuerlose Linke. Sozialkonservative Unabhängige, die für Gaza eintraten, haben Labour sichere Sitze entrissen. Die Grünen haben mit ihren vier Sitzen von der Enttäuschung auf der Linken profitiert. Millionen haben für eine Partei voller rassistischer Kandidaten gestimmt und Reform UK in einer ganzen Reihe von Pro-Brexit-Labour-Wahlkreisen zum zweiten Platz verholfen. Das Wahlsystem gibt ihnen nicht viele Sitze, aber umso mehr Platz für ihre Ressentiments. Und doch: Labour hat gewonnen. Die Herrschaft der Tories ist vorüber.

Der Wahlkampf war einfältig. Keine Partei erwähnte die 20 Milliarden Pfund Kürzungen bei den öffentlichen Dienstleistungen, die im aktuellen Haushalt stehen. Vor allem hat man fröhlich vor sich hin behauptet: Labour will die Sozialhilfe sanieren, die Wirtschaft wiederbeleben, alle Streiks beenden, die Krankenkasse sanieren, die Wohnungskrise mildern und die zusammenbrechenden öffentlichen Dienstleistungen retten. Und das alles durch bloße Willenskraft, magisches Wirtschaftswachstum oder die mysteriöse Kraft des Wandels. Aber ganz bestimmt nicht, indem man Geld ausgibt. Eine Atmosphäre des Irrealen hat sich verbreitet, große Teile der Presse haben brav mitgemacht. Sämtliche im Raum stehenden Elefanten hat man beschwiegen, was blieb, waren reihenweise Geschichten über Schmutz und Geiz der Tories, belanglose Ausrutscher und lustloser Boulevard. Die Aufmerksamkeit schwand. Höchstens konnte, wer sich zum Wahllokal quälte, die gewiss kontrafaktische Hoffnung hegen, dass Labour nur so getan hatte, als begriffen sie das Ausmaß der Probleme nicht – um dann mit einem geheimgehaltenen Lösungsplan loszulegen.

Für Rishi Sunak ging es nach seiner regengetränkten Verkündung des Wahldatums nur weiter bergab, bis ihm zuletzt nichts mehr blieb, als die Wählerschaft anzubetteln, Labour nicht zu einer »Supermajority« zu verhelfen. Die Hälfte aller Wählerinnen und Wähler und ein Viertel derjenigen, die 2019 noch die Konservativen gewählt hatten, waren der Meinung, die Partei verdiente es, jeden einzelnen ihrer Sitze zu verlieren. Einer gewaltigen Mehrheit zum Trotz, und also allen Möglichkeiten, das Land instandzusetzen, haben die Tories in ihrer letzten Amtsperiode ein Versagen an das andere gereiht. Jede Regung des Mitleids legt sich gleich wieder, denkt man an die Verschwendung und die sinnlose Brutalität von Sunaks Ruanda-Plan. Seine Demütigung ist verdient.

Starmer hatte Glück mit seinen Feinden. Bei der Verbannung der Labour-Linken konnte er sich auf deren absehbaren Untergang im Strudel gegenseitiger Vorwürfe nach der Katastrophe von 2019 verlassen; so hatte er ungewöhnlich freie Hand, die Partei nach seinem Geschmack umzugestalten. Er hat, oft zum Verdruss von Aktivisten vor Ort, seine Verbündeten in wichtigen Wahlkreisen platziert, um zukünftige Rebellionen zu unterbinden. Die Tory-Premiers haben ihm ein Geschenk nach dem anderen präsentiert: Johnson mit seinem Hang zu Vetternwirtschaft und anderen Skandalen; Liz Truss mit ihrem Kamikaze-Libertarianismus; Sunak mit seinem Reichtum und seiner Persönlichkeit als Silicon-Valley-Chiffre. Alles nur verschiedene Modi eklatanten Fehlregierens. Starmers Erfolg schien seit

Monaten gewiss, seine Beliebtheitswerte sind aber nie über lauwarm gestiegen; nicht sehr wahrscheinlich, dass sich das im Amt ändern wird. Bei dieser Wahl hat es gereicht, »der andere« zu sein.

Nun aber ist es mit dem Abwarten vorbei. Starmer kann nun, wie so oft angekündigt, »die Ärmel hochkrempeln« und sich an die Arbeit machen. Das Wahlmanifest nennt fünf zentrale Ziele, darunter das Erreichen des höchsten nachhaltigen Wachstums in der G7-Gruppe und die Verwandlung Großbritanniens in eine »Saubere-Energie-Supermacht« – und sechs Schritte, darunter die Einstellung vieler neuer Lehrer und Grenzschutzbeamter sowie die Einrichtung der Umweltinvestitionsbehörde »Great British Energy«. Die Imperative zielen allerdings in verschiedene Richtungen, und die Methoden bleiben mysteriös. Das Institute for Fiscal Studies hat die Ausgabenpläne von Labour als »winzig, Tendenz trivial« kritisiert; Andy Haldane, früherer Chefökonom der Bank of England, machte sich über die Vorstellung lustig, irgendetwas davon ließe sich mit einer Ausgabenerhöhung im Umfang von weniger als dem an einem Wochenende erbrachten Bruttoinlandsprodukt erreichen. Beide sind linksradikaler Umtriebe ausgesprochen unverdächtig.

Das Labour-Programm ist seltsam zwiegespalten. Die Diagnosen sind schneidend, die Lösungsvorschläge anämisch. Diese Dopplung hat einen doppelten Grund. Einerseits ging es um die öffentlichkeitswirksame Verabschiedung der jüngeren linken Vergangenheit der Partei (auch Starmer persönlich betreffend) und andererseits darum, Stimmen bei den unentschiedenen Wählern zu holen. Viele, die man ansprechen wollte, standen auf der britischen Rechten. Starmers seltsame Stichelei gegen Migranten aus Bangladesch und sein Kniefall vor der transphoben Panik – beides spät im Wahlkampf, als der Sieg schon sehr sicher war –, waren an dieses Publikum gerichtet. Der Clip mit seiner Antimigrations-Bemerkung wurde auf WhatsApp vielfach weitergereicht; im Verbund mit Labours Schwanken in der Haltung zu Palästina führte das zu Sitzverlusten in Leicester, Birmingham, Blackburn und Dewsbury und zerstörte die Mehrheiten in einigen der zuvor sichersten Labour-Bezirke. Wer hier von Sektierertum spricht, übersieht, dass die Palästina-Frage der Katalysator für eine dauerhafte Unzufriedenheit mit Labour ist, die sich aus ganz anderen Quellen speist, etwa aus dem fehlenden Widerstand gegen die Begrenzung des Kindergelds auf zwei Kinder.

Der Programmverzicht wird nicht dauerhaft funktionieren. Labour wird die historisch konservativen Sitze nicht halten können, in vielen Wahlkreisen waren die Vorsprünge knapp, die Spaltung der Rechten sowie die massenhafte Enthaltung haben geholfen. Jon Cruddas, einer der wenigen zu unabhängigem Denken fähigen bisherigen Labour-Abgeordneten, hat Starmers Programm als Versuch beschrieben, die traditionelle lokale Bindung an die Arbeiterklasse wieder zu stärken. Das freilich gefährdet, wie Cruddas zugibt, die Unterstützung des Labour-Milieus, dem bürgerliche Freiheiten und sozialer Liberalismus wichtig sind. Eine Abwägung, die er traurig, aber letztlich akzeptabel findet. Es ist eine großzügige Lesart des Starmerismus, der als Philosophie wie als Wahlstrategie selten zwingend erschien.

Labour hat sein Ergebnis in Sachen Effizienz, nicht in den nackten Zahlen verbessert, zudem unterstützt von einem wenig fairen Wahlsystem. Die jüngsten Wahlen waren vor allem durch zwei Tendenzen geprägt: eine enorme Volatilität und den Fokus auf die Erwartung von kurzfristigem Nutzen. Im Ergebnis sind nur noch wenige Sitze dauerhaft sicher. Auch Cruddas würde zugeben, dass die einstmals geteilten Werte und prägenden Vereinigungen und Verbände – von den Kirchen zu den Gewerkschaften – einen enormen Niedergang erlebt haben.

Was wäre gewesen, hätten die Tories 2019 mit ihrem Versprechen des »Levelling-up«, also der Angleichung der Lebensverhältnisse, ernst gemacht, ihre Miet- und Hausbaureformen durchgezogen? Klar, das war aus vielen Gründen von vorneherein unwahrscheinlich gewesen: Johnsons Faulheit, seine Vorliebe für Rhetorik anstelle von Abliefern, die mächtigen klientelistischen und Rentier-Interessen der Parteispenden-Basis der Tories, die Kernwählerschaft und der politische Apparat. Einige der 2019 gewonnenen Sitze waren auf jeden Fall verloren, aber ein paar unverhohlenere Versprechen an die Wählerschaft – der Versuch, irgendjemanden unter fünfzig für ein Kreuz bei sich zu gewinnen – hätten zu einem deutlich knapperen Ergebnis geführt.

Anders als seine Vorgänger in Sachen klarem Labour-Sieg – Attlee, Wilson, Blair – tritt Starmer ohne eindeutige Wählerkoalition an. Der Labour-Anteil ist im Wesentlichen unverändert, überdeckt allerdings durch einen verblüffenden Zuwachs in Schottland und eine viel effizientere Stimmenverteilung. Intern wird die neue Regierung große Spannungen zwischen jenen erleben, die in ihren Wahlbezirken von der Partei Reform UK, und jenen, die von den Grünen bedrängt werden. Schwankende Labour-Wähler zu halten heißt normalerweise, in gesellschaftlichen Fragen regressiver zu agieren, aber Untersuchungen von YouGov zeigen auch, dass 12 Prozent der Stimmen für Labour »eigentlich« – das heißt: ohne taktisches Wählen – grün sind.

Eine Partei, die versucht ist, ihre Klimaziele aufzuweichen, sollte sich diese Zahl auf den Schreibtisch kleben, gleich neben den Zettel mit dem Namen der (vor der Wahl) designierten Kultusministerin Thangam Debbonaire, die ihren Sitz an die Grünen verlor. Starmer hat gesagt, er brauche ein Jahrzehnt für die Transformation Großbritanniens, aber seine Wählerbasis ist breit, nicht tief – und alles andere als stabil. Die Wähler nennen den National Health Service (NHS), die Lebenshaltungskosten, die Migration und das Wohnen als ihre drängendsten Probleme. Angesichts dessen Wurzeln zu fassen wird ohne Steigerung der Ausgaben nicht funktionieren.

Labour war begünstigt durch eine freundliche Medienlandschaft, die die letzte Woche des Wahlkampfs mit Lobhudeleien auf Starmers »Kein Drama«-Stil oder seinen »stillen Radikalismus« verbrachte. Seine politischen Mutationen und seine Umarmung von Plutokraten blieben unerwähnt. Die Murdoch-Zeitungen, längst nicht mehr so wichtig wie früher, haben Labour halbherzig halb unterstützt, zum Teil, weil sie so um die Wiederaufnahme der alten Abhörskandal-Untersuchungen herumzukommen hofften, zum anderen fügte man sich einfach ins Unvermeidliche. Die Hintergründe der Labour-Kandidaten wurden kaum untersucht, aber neben den stark vertretenen Charity-Organisationen und NGOs hat die Lobby-Industrie praktisch ihren eigenen Parteiflügel; man kann ohne großes Risiko darauf wetten, dass der erste Skandal der Starmer-Jahre etwas mit Lobbys zu tun haben wird. Die Hauptstadtkorrespondenten haben wenig Neigung gezeigt, lautstark auf die Lücken im Manifest hinzuweisen oder die Unzufriedenheit mit der Gaza-Politik näher zu untersuchen. Warum sich unbeliebt machen, wenn der Ausgang ohnehin klar ist?

Der Sieg ist schon deshalb ein Schock, weil man sich bei Labour längst ans Verlieren gewöhnt hatte. Die Partei war zwei Drittel des vergangenen Jahrhunderts über nicht in der politischen Verantwortung, viele ihrer neuen Abgeordneten haben keinerlei parlamentarische, geschweige denn Regierungserfahrung. Dass Starmer Sue Gray zu seiner Stabschefin gemacht hat, zeigt: Er will die Regierungsmaschinerie wirklich zum Laufen bringen. Aber es ist nicht klar, ob er auch realisiert hat, wie dysfunktional, demoralisiert und ausgehöhlt die darin eingebundenen Institutionen mittlerweile sind. Gray genießt in Westminster intern einen ausgezeichneten Ruf, und das nicht zuletzt, weil sie sich dezidiert gegen die Herausgabe von Informationen an die Öffentlichkeit ausgesprochen hat. An ihrem Umgang mit Fragen der Informationsfreiheit wird man früh ablesen können, inwieweit die Regierung Starmer die autoritären Züge ihrer Vorgänger teilt.

Von dem ehemaligen britischen Gesundheitsminister Nye Bevan stammt die Warnung an frischgebackene Labour-Abgeordnete, »wenn die Vergangenheit wie ein Berg auf dem menschlichen Geist« liege, müsse man sich »das Unterhaus als ganze Bergkette« vorstellen. Er spottete über Westminster als Tempel konservativer Ahnenverehrung, ein mächtiges Instrument, das jedwede Erschütterung abdämpft, geschaffen, um alle in seinen Mauern einzulullen und einzunorden. Regierungen glauben häufig, sie seien in der Lage, den gesamten administrativen Apparat umzugestalten. Aber die Anforderungen, denen sich neue Minister gegenübersehen, können sie dazu nötigen, eingefahrenen Mustern zu folgen, egal wie dysfunktional oder oberflächlich diese auch sein mögen.

Die fünf neuen Ressorts, die sicherstellen sollen, dass die Partei ihre Ziele auch wirklich erreichen kann, werden wenig ausrichten können, wenn sie sich darauf beschränken, über ein verrottetes System zu wachen. Zudem schlägt biedere Sorgfalt leicht in Labours anderes Laster um, den Konformismus. Von Sidney Webb, der 1931, gerade aus dem Amt geschieden, mit Großbritanniens Abkehr vom Goldstandard konfrontiert wurde, ist der erstaunte Ausspruch überliefert: »Uns hat niemand je gesagt, dass man das überhaupt machen könnte!«

Nun ist die Lage dermaßen düster, dass jegliche Form von Konformismus unplausibel wäre. In der Labour-Spitze kursiert eine Liste mit dramatischen Ereignissen, die zwar als unwahrscheinlich eingeschätzt werden, aber die, sollten sie doch eintreten, den Sturz der Regierung in ihrem ersten Jahr zur Folge haben könnten. Tatsächlich wirken viele davon alles andere als unwahrscheinlich: der Zusammenbruch des Gefängniswesens, der Totalausfall eines Krankenhaussystems während der nun alljährlichen Winterkrise, der finanzielle Zusammenbruch einer oder mehrerer Universitäten, ein erneuter Anstieg der Energiepreise und eine Unterbrechung der Lebensmittelversorgung. Wes Streeting, der frischgebackene Gesundheitsminister, sieht sich mit ernsthaften Streiks im National Health Service konfrontiert (obwohl er gesagt hat, dass die Verhandlungen mit den angehenden Ärzten sofort beginnen werden), die ihrerseits ein Vorspiel für einen Arbeitskampf sind, bei dem es um die Löhne im öffentlichen Dienst geht. Eine vernünftige Regierung würde das als Mandat für ein drastisches Eingreifen verstehen.

Großbritannien ist in einer Abwärtsspirale gefangen. Die Wirtschaft wächst nicht, so dass dem Land das Geld fehlt, das es für den Wiederaufbau seiner Infrastruktur bräuchte. Seine Institutionen verfallen. Geld, das für Investitionen vorgesehen war, wird für die laufenden Kosten abgezweigt (bei Schulen und Krankenhäusern besteht ein Reparaturstau von 12 Milliarden Pfund). Ohne Investitionen aber bleibt das Wachstum aus, und die Spiralbewegung kommt zu keinem Ende. Externe Schocks machen die britische Schwäche deutlich: Das Land hat sich von der Finanzkrise, der Pandemie und dem Peak bei den Energiepreisen weniger schnell und weniger gut erholt als andere fortgeschrittene Volkswirtschaften. Das Produktivitätsproblem, das postindustrielle Volkswirtschaften im Allgemeinen plagt, wird durch Rentierparasitismus noch verschärft. Starmer hat während des gesamten Wahlkampfs argumentiert, dass eine Rückkehr zum Wachstum die einzige Möglichkeit sei, den Teufelskreis zu durchbrechen. Aber Wachstum lässt sich nicht mit dem erhobenen Zeigefinger erreichen, und es wird sich auch nicht in der Staatskasse niederschlagen, bevor die Kürzungen greifen.

Die Abwärtsspirale ist nicht das einzige Problem, dem die neue Regierung sich gegenübersieht, aber sie sorgt dafür, dass auch die anderen nicht gelöst werden können. Starmer hat sich zu undurchlässigen Grenzen und einer Wiederbelebung der staatlichen Grenzsicherung bekannt. Er hat sich mit der Formulierung von Einwanderungszielen zurückgehalten, die David Cameron zum Verhängnis wurden. Für liberale Politiker ist die Zuwanderung ein Zugzwang: ein Zustand, in dem Maßnahmen unvermeidlich sind, aber jede Maßnahme die Situation verschlimmert. Eine aggressive Migrationspolitik gefährdet die billigen Arbeitskräfte, auf die Großbritannien angewiesen ist (insbesondere im Gesundheits- und Pflegebereich), entfremdet die liberale Linke, trägt das Risiko skandalöser Justizirrtümer in sich und ist in der Regel unwirksam. Explizit einwanderungsfreundliche Positionen ziehen den Zorn der Presse auf sich. Nigel Farage, der ohnehin im Aufwind ist, wird so oder so Blut lecken.

Eine von Starmers ersten Amtshandlungen als Premierminister bestand darin, die Briefe mit den Anweisungen für den militärischen Ernstfall an die Kommandeure der nuklearen Streitkräfte zu schreiben und zu unterzeichnen. Danach reiste er zu einem unruhigen, unsicheren Nato-Gipfel. Er hat sich immer wieder zu seinem Glauben an das Bündnis bekannt, aber es ist ihm sicher nicht entgangen, dass er am Ende dieses Jahres einer der am stärksten linksgerichteten Führer auf der Weltbühne sein könnte. In der Vergangenheit war die reflexhafte Unterstützung Washingtons für Regierungschefs der Labour-Partei des Öfteren wenig segensreich; dass Biden die israelischen Gräueltaten in Gaza unterstützt, zeigt, dass selbst offenbar geistesverwandte Präsidentschaften innenpolitisch für Kopfschmerzen sorgen können. Mit Trump dürften die noch einmal deutlich größer werden.

Labour setzt auf zwei wichtige grüne Großprojekte, um die soziale Erneuerung herbeizuführen, die notwendig ist, den Aufstieg der populistischen Rechten in Großbritannien aufzuhalten: Great British Energy und den National Wealth Fund. Beide sind jedoch nur ein Schatten dessen, was sie ursprünglich hätten sein sollen, und angesichts der vielen Probleme, die sie lösen sollen, überdies völlig unterfinanziert. Insbesondere GB Energy ist eine Schimäre, zumal der Umfang des öffentlichen Eigentums, das dabei eingebracht werden soll, noch immer unklar ist. Die genaue Ausgestaltung des Projekts wird die Regierung schon bald auch intern in Bedrängnis bringen. Die Labour-Partei kann es sich nicht leisten, hier Fehler zu begehen: Die extreme Rechte hat längst begriffen, dass sie mit der Forderung, es dürften keine neuen Schulden aufgenommen werden, punkten kann, und das umso mehr, wenn sie der Regierung dabei die sozial ungerechte Verwandlung von öffentlichem in privates Eigentum vorwerfen kann.

In einer wirtschaftspolitischen Grundsatzrede im Mai dieses Jahres nannte die neue Schatzkanzlerin Rachel Reeves es »einen Akt historischer Fahrlässigkeit«, dass die Konservativen es versäumt hätten, die wirtschaftlichen Rahmenbedingungen nach 2008 zu nutzen. Damit hat sie

Recht. Um zu investieren, hätte die Regierung Kredite aufnehmen und Steuern auf Vermögen einführen müssen. Nun ist es zwar fraglich, ob die Linke sich ihrerseits wirklich daran wagen würde, Vermögen zu besteuern, aber man muss leider auch konstatieren, dass manche der Möglichkeiten, die sich nach 2008 auftaten, heute nicht mehr bestehen.

Viele der von der Linken in jenen Jahren befürworteten Win-Win-Optionen hingen von dem damaligen monetären Umfeld ab, einschließlich verlässlich niedriger Zinssätze, die es schlicht nicht mehr gibt. Die wirtschaftspolitischen Felder, die am dringendsten einer Reform bedürfen, sind auch die Todeszonen der britischen Politik: die Wohnimmobilienblase und die chronische monetäre Nachgiebigkeit gegenüber der Klasse der Rentiers. Aber wozu hat man eine Mehrheit?

Reeves' aktueller Plan besteht darin, »to get BlackRock to rebuild Britain«. Öffentliche Gelder sollen für Investitionen in die Infrastruktur und die Energieerzeugung verwendet werden, sprich: Der Staat soll private Gewinne garantieren. An dem Punkt waren wir schon einmal. Die letzte Liebesaffäre der Labour-Partei mit dem privaten Finanzwesen hat Großbritannien bröckelnde Schulen und Erpresserverträge beschert; die nächste Infrastrukturrevolution wieder an privates Kapital zu binden, könnte darauf hinauslaufen, dass auch künftige Generationen betrogen werden. Starmer hat sich mehrfach auf Harold Wilsons Versuch berufen, privates Kapital in eine langfristige nationale Strategie einzubinden. Ein solcher Pakt mit dem Industriekapital, das ein offensichtliches Interesse am grundlegenden Funktionieren der Nation hatte, war in der Tat eine kurze Zeit lang plausibel. Allerdings gibt es keinen Grund zu glauben, dass das auch mit dem heutigen Finanzkapital funktionieren wird. BlackRock tut, was das Beste für BlackRock ist, nicht für Großbritannien.

Die Warnungen der Konservativen vor einer »Supermajority« der Labour-Partei waren aus verfassungsrechtlicher Sicht gegenstandslos: Die übermächtige Exekutive des Vereinigten Königreichs kann große Veränderungen auch mit winzigen Mehrheiten durchsetzen. Die Sonderausschüsse werden mit überwältigender Mehrheit von Labour besetzt. Die Größe der Parlamentsfraktion, die seit langem bestehende Unruhe unter den schwarzen Abgeordneten und die widersprüchlichen Drohungen der progressiven Linken und der nativistischen Rechten werden das Management des politischen Alltagsgeschäfts zu einem ständigen Drahtseilakt machen.

Die verbliebenen Tories werden sich derweil in einer politischen Wüstenei wiederfinden, in der sie sich ständig mit Farage auseinandersetzen müssen. Farage seinerseits wird das parlamentarische Amt nicht mäßigen; er wird seine Zeit in Westminster nutzen, die Medien, ob wissentlich oder auch nicht, dazu zu bringen, die britische Politik weiter nach rechts zu treiben. Gesetzt den Fall, Reform UK hält so lange durch, wird sich im Jahr 2029 die bedrohliche Frage stellen, ob es der Partei gelingt, einen weniger spalterischen Nachfolger zu finden.

Margaret Thatcher hat einmal gestanden, dass sie eine tiefe Einsamkeit verspürte, als sie Number Ten betrat. Tony Blair meinte, das erste Gefühl, das er verspürt habe, nachdem sich die schwarze Tür hinter ihm geschlossen hatte, sei Angst gewesen. Beide hatten das Ausmaß des Amts begriffen. Vor Keir Starmer liegt die gewaltigste Aufgabe aller Labour-Premierminister der Nachkriegszeit: die Wiederbelebung einer komatösen Wirtschaft, eines kollabierenden Staates und einer zynischen und erschöpften Wählerschaft. Es könnte nicht mehr auf dem Spiel stehen.

Aus dem Englischen von Christian Demand und Ekkehard Knörer

Ich ist (k)eine Andere

Von Daniela Dröscher

»**H**at Ihr Schreiben etwas Therapeutisches?« Es erstaunt nicht, dass ich diese Frage häufiger höre. Schließlich ist mein Roman *Lügen über meine Mutter* ein autofiktionaler Text, der nah am eigenen Leben entlang erzählt, und dieses Leben bleibt vom Schreiben nicht unberührt.

Schriftstellerinnen und Schriftsteller, die im Genre »life writing« publizieren – dazu gehören die Autofiktion, die Autosoziobiografie, das Memoir, der persönliche Essay –, werden häufig mit der Frage nach den autokathartischen Effekten ihres Schreibens konfrontiert. Ich selbst antworte meist frei heraus: Natürlich ist meine Arbeit »therapeutisch«. Der Topos vom Schreiben als »Medizin« lässt sich bis zu Platon zurückverfolgen. Bei ihm ist die Schrift ein *pharmakon*, was sowohl Heil- als auch Giftmittel bedeutet (sie bewahrt Erinnerungen, befördert aber auch das Vergessen).

Ich schreibe Autofiktion, um Dinge, die mir widerfahren sind, besser zu verstehen. Wenn ich etwas bereits vorab verstanden hätte, bräuchte ich nicht zu schreiben. Indem ich mich und mein Leben zum Gegenstand der Analyse mache, überschreite ich eine wirkmächtige historische Grenze. Immer wieder unterschätze ich, gegen wie viele gesellschaftliche Verbotsschilder ich als Frau dabei noch immer anschreibe.

In meinem Fall war dieses Verbot äußerst konkret. Mein Vater wollte nicht, dass ich Schriftstellerin werde. Früh fürchtete er, dass ich eines Tages über unsere Familie schreiben könnte. Fast zwei Jahrzehnte lang habe ich um den Kern meines Erzählens gewissermaßen herumgeschrieben. Ich habe Fiktion um Fiktion erfunden, Kostüm um Kostüm.

Ich-Sagen

Lügen über meine Mutter ist mein erster Roman, der in der ersten Person erzählt. Mir scheint, dass sich ein Großteil der Skepsis gegenüber der Autofiktion an dem Wort »ich« entzündet. Interessant ist, dass das Erzählen in der ersten Person wahlweise entweder als zu klein und zu privat oder als zu anmaßend empfunden wird.

Für mich liegt die Magie des autofiktionalen Ich in seiner Intimität. Seiner Direktheit. Wer in »Ich«-Form schreibt, exponiert und zeigt sich in seiner subjektiven Sicht auf sich und die Welt: So und so und nicht anders empfinde ich. So und so und nicht anders erkläre ich mir diese oder jene Zusammenhänge.

Als Leserin wiederum höre ich einer Stimme, die »ich« sagt, ganz anders zu. Für die Dauer der Lektüre bin ich bereit, mich einer anderen Stimme und ihrer Blickführung anzuvertrauen. Und zwar ganz unabhängig davon, ob ich die Stimme des Textes mit der der Autorin gleichsetze. Wer auf diese Weise »ich« sagt, öffnet – schreibend – einen intimen Raum und beschenkt Leserinnen und Leser mit seinem unverwechselbaren Blick auf die Welt. Mich persönlich interessiert beim Lesen nicht so sehr, was genau ein autofiktionales Ich wirklich erlebt hat. Viel faszinierender finde ich die besondere Energie, die es freisetzt. Den Sog, den es entfaltet. Das Ich des Texts trifft im Lesen auf ein anderes Ich. Es entsteht ein Spiegelkabinett aus Identifikation und Differenz.

Traditionslinien

Mein autofiktionales Ich hat ein gewichtiges Vorbild. Bevor ich anfing zu schreiben, schrieb ich eine Dissertation über die Schriftstellerin Yōko Tawada, deren Texte häufig in Ich-Perspektive verfasst sind. Ihr *personal essay* war das Medium meines Transits. Ausgerechnet die persönlichste, direkteste und damit ungeschützteste Art zu erzählen verlieh mir Sicherheit. Sie verankerte und situierte mich.

Das essayistische Ich hat mich erst zum dramatischen, dann zum autobiografischen und schließlich zum autofiktionalen Ich geführt. Dazwischen liegen drei Bücher, in denen ich mir zum größten Teil verbot, »ich« zu sagen. Viele Jahre noch versuchte ich, mich an literarische Formen anzupassen, von denen ich glaubte, dass nur sie als »echte« oder »legitime« Literatur galten. Der multiperspektivische Roman. Die gut gebaute Novelle.

Im Nachhinein erstaunt mich das nicht. Kritik und Forschung haben das Schreiben entlang am eigenen Leben lange Zeit systematisch als »unliterarisch« abgewertet – zumindest dann, wenn es sich um Bücher von Frauen handelte. So war mir lange Zeit nicht klar, dass die Texte, die ich schrieb, in einer feministischen Tradition standen.

Aufgewertet wurde vor allem die Autofiktion aus männlicher Feder. Karl Ove Knausgård etwa, der ungefiltert und minutiös seine Ehe und Trennung protokollierte, wurde von der Kritik als Genie gefeiert. Die Autorin Rachel Cusk wurde für ein nicht unähnliches Verfahren von der schottischen Presse als egomanische Verräterin geächtet.

Heute wird das Etikett »midcult« vor allem gegen queerfeministische und postmigrantische Stimmen der Autofiktion ins Feld geführt: Demnach handelt es sich dabei um ein an bestimmten Communitys oder Diskursen orientiertes Schreiben, das Authentizität zu Markte trägt und Leser aus der eigenen Bubble zur unkritischen (Über)Identifikation verleitet.

»Life writing« ist aber keine Mode. Man kann die Anfänge auf die *confession poets* der 1950er Jahre datieren, mit Anne Sexton und Sylvia Plath – oder aber deutlich früher beginnen lassen, mit Sei Shōnagons *Kopfkissenbuch einer Hofdame* (einem Klassiker der japanischen Literatur, der um 1100 herum entstand) oder auch mit Charlotte Perkins Gilmans Kurzgeschichte *Die gelbe Tape-*

te aus dem 19. Jahrhundert und sie fortführen mit Françoise Sagans Roman *Bonjour Tristesse*. Gemeinsam ist all diesen Texten, dass sie ihre Ich-Erzählerinnen in dezidiert weiblichen Erfahrungswelten situieren.

Wer spricht?

Natürlich steht bei einem autofiktionalen Ich die Identität des Autors oder der Autorin anders im Vordergrund als bei einem auktorial erzählten Text. Jedes »life writing« beruht auf einer Verabredung, dem »autobiografischen Pakt«, wie Philippe Lejeune es nannte, also der Einladung, Autorin und Ich-Erzählerin temporär in eins zu setzen.

Doch auch das Ich der Autofiktion ist eine Kunstfigur. Es ist geformt, ein Ergebnis von Entscheidungen. Ich exponiere mich, bin aber zugleich geschützt durch das Kleid der Fiktion. Das Ich dient als »gläsernes Versteck«, so hat Anne Weber es einmal genannt.

Die einen brauchen dieses Versteck mehr als andere. Ein Autor-Ich ist keine frei gewählte Inszenierung, sondern immer auch ein Ergebnis von Zuschreibungen. Es gibt Identitäten, die unentwegt als »anders« markiert werden und sich schlichtweg nicht hinter dem Bonmot verstecken können, das eigene Ich sei stets eine Andere – ein unergründliches, nicht restlos zu entschlüsselndes Enigma, das gleichsam über den gesellschaftlichen Verhältnissen schwebt.

Zwei Spielarten

Ich selbst unterscheide zwei Arten von Autofiktion. Die eine nutzt fiktive Elemente für ein Vexierspiel, dem es darum geht, den autobiografischen Pakt vorsätzlich zu irritieren. Das Ich dieser Variante verweigert das Begehren nach Authentizität. Seine Freiheit besteht darin, nicht identifiziert, nicht festgelegt werden zu können. Die Verwirrung hinsichtlich der Frage »Wer spricht?« ist geradezu Programm – wenn auch kein Selbstzweck. Eher protestiert sie – wie im Falle Yōko Tawadas – gegen die »Funktion Autor«, wie Michel Foucault die leichtfertige Ineinssetzung von Autor und Erzähler einmal nannte.

Die zweite Spielart versteht Fiktion als Vehikel für die Suche nach der persönlichen Wahrheit. Der Vektor dieses Schreibens ist eben kein Verwirrspiel, sondern die Selbstaufklärung. Wer so schreibt, »hat« oftmals dem eigenen Empfinden nach gar keine Stimme, und empfindet es keineswegs als selbstverständlich, einfach »ich« zu sagen. Man könnte auch sagen: Die eine Spielart versucht, das Ich weiter zu dekonstruieren, die andere strebt danach, es zu (re)konstruieren.

Ich selbst gehöre eher dem zweiten Typus an. Der Gedanke, dass im Schreiben ein authentisches Ich abgebildet werden könnte, ist mir dennoch suspekt. Wohl aber glaube ich, dass ich mir in einem autofiktionalen Text aufrichtigere Fragen stellen kann als in einer anderen Gattung. Gerade weil ich mir, schreibend, unter der Hand fremd werde. Weil ich Distanz zu mir gewinne. Durch dieses Fragen entsteht ein anderes Ich. Auch dieses neue Ich ist eine Kunstfigur – natürlich ist es das. Ein autofiktionales Ich reflektiert sich selbst zumeist metapoetisch als diejenige Instanz, die formt, auswählt, arrangiert. Auch wenn es die Hoheit über die eigene Geschichte reklamiert, ist es dem Selbstverständnis nach machtkritisch – und weiß um seine eigene Macht und Verantwortung.

Ethos der Autofiktion

Sehr häufig markiert diese Art von Autofiktion die eigene Perspektive bewusst als unzuverlässig. Die Authentizität dieses Ich liegt in seinem Bewusstsein für die Partikularität. (Ich mag die Formel, wonach die Autobiografie es einem ermöglicht, unter dem Deckmantel der Wahrheit schamlos Lügen zu verbreiten, man in der Autofiktion hingegen durch das Versteck der Fiktion ungehemmt seine persönliche Wahrheit erzählen kann ...)

So sehr ich auch versuche, Dinge für mich zu ordnen, zu verstehen, schreibe ich dennoch in dem Bewusstsein, dass diese meine Wahrheit eine vorläufige ist und sich immer erst durch die unterschiedlichen Lektüren der Leserinnen und Leser vollendet.

Mein Ethos gründet darin, dass ich sehr sorgsam überlege, wie ich etwas erzähle. Mit welchen literarischen Mitteln. Ich hafte für diese Entscheidungen mit Haut und Haar. So werde ich zu einer Autorin im strengen Sinne des Wortes *auctor*, was bedeutet, »die eigene Rede zu verantworten«.

Und damit schließt sich der Kreis zum Ich. Ich sage »ich«, weil ich so am glaubhaftesten zu erzählen *vermag*. Ich empfinde mein autofiktionales Ich nicht als Einschränkung, sondern eher als produktive ästhetische Begrenzung. Als Medium der sozialen Transgression.

Trauern

In vielerlei Hinsicht verstößt mein autofiktionales Schreiben gegen sämtliche Gebote meiner kleinbürgerlichen Herkunftswelt. Was für ein Übertritt, denke ich bisweilen noch immer. Auf so intime Weise von mir und meinem Leben zu berichten. Was für ein zutiefst verbotenes Unterfangen. Auch deshalb fühlt sich mein hart erkämpftes autofiktionales »Ich« mitunter noch immer seltsam illegitim an.

Die Wenigsten machen sich einen Begriff davon, wie viel Mut gesammelt werden musste, um auf diese Weise »ich« sagen zu können. Wie viel Zeit hat man damit vergeudet, eine ganz Andere sein zu wollen? Alles, nur nicht man selbst? Wie viel Versäumnis liegt in all dem?

Sehr häufig speist sich der Erzählkern der Autofiktion aus einer Verletzung. Guadalupe Nettel etwa eröffnet *El cuerpo en que nací* (2011) mit dem weißen Fleck, der sich von Geburt an über ihre Iris zieht. Lidia Yuknavitchs *The Chronology of Water* (2011) umkreist den Verlust eines totgeborenen Kindes und den Missbrauch als Jugendliche. Edouard Levés *Suicide* (2007) trägt den Freitod im Titel, den der Autor wenige Wochen nach Abgabe des Manuskripts in die Tat umsetzte.

So viel Tod, so viel Unrecht. »Traumaplot« sagen die einen, progressive Emanzipation die anderen. Vielleicht kann man Letzteres nur nachempfinden, wenn man selbst um sein Ich hat kämpfen müssen. Vielleicht muss man sich aber auch nur daran erinnern, dass die Literatur allein schon durch ihr Medium mit dem Tod zu tun hat.

Bei Derrida findet sich der schöne Gedanke, dass die Schrift von Grund auf

»testamentarisch« sei. Ihr Feld ist die Erinnerung. Das Wieder-Holen von Vergangenheit. Und ja, womöglich ist meine Obsession mit der Ich-Perspektive eine fortwährende Wieder-Aneignung einer ursprünglich verlorenen Stimme.

Nutzen

Ich stehe bisweilen noch immer ungläubig vor der Tatsache, dass aus mir eine Schriftstellerin geworden ist. Kunst galt in meiner Familie als »brotlose«, als »nutzlose« Kunst. Noch immer schreibe ich gegen den anerzogenen Habitus an, mich selbst nicht so wichtig zu nehmen. Dieses Gebot ist Teil meiner erlernten sozialen Grammatik, in der sich die Ebenen *class* und *gender* bisweilen nahezu ununterscheidbar überlagern.

Allmählich aber entferne ich mich von verinnerlichten Erwartungen. Es gelingt mir mehr und mehr, den »großen narrativen Anderen«, wie Roland Barthes es einmal nannte, in den Hintergrund zu verweisen. Meine Texte müssen sich vor niemandem legitimieren und niemandem »nützen«. So fremd mir das Prinzip des *L'art pour l'art* ist – der »Luxusgeschmack« der oberen Klasse, wie Bourdieu ihn nennt –, so sehr wehre ich mich gegen die Funktionalisierung von Kunst im Namen des Diskurses, auf Kosten der ästhetischen Überschüsse.

Ich ist viele Andere

»Life writing« bringt Stimmen hervor, die zuvor keine Schrift hatten. Mit einem Mal werden Ungerechtigkeiten auf ästhetische Weise nachvollziehbar. Sie werden lauter, entschiedener, sie bekommen Gesichter. Ein Gewicht. Mit einem autofiktionalen Ich lässt sich eine Schnur direkt von Herz zu Herz spannen. Jemand, der »ich« sagt, erlaubt mir, die Welt »durch seine Augen zu sehen« und ihm dadurch ganz nahe zu kommen. Ich verbinde mich im Lesen mit Erfahrungswelten, die von meiner eigenen ganz verschieden sind. Der Kern der Autofiktion ist in dieser Hinsicht eben gerade nicht das identifikatorische Lesen, sondern die Berührung mit Alterität.

Die Autofiktion verändert den literarischen Diskurs, gerade weil sie nicht im Diskursiven aufgeht, sondern eine ästhetische Erfahrung evoziert. Sie lässt den Diskurs – wie es seinem Wortsinn gebührt – hin- und herlaufen.

Wunden und Wälder
Zum Zusammenhang von Leib- und Naturphilosophie

Von Jens Soentgen

Wie ist das passiert? Narben sind Erinnerungsorte und Erzählanlässe. Weil sie stets einen Bezug zu Ereignissen und Geschichten aufweisen, hat sich nicht nur die Medizin, sondern auch die Rhetorik schon frühzeitig mit ihnen befasst. Narben zur Schau zu stellen ist eine alte kulturelle Praxis. Tatsächlich war es bei Reden im Alten Rom nicht selten, dass Politiker auf ihre in diversen Feldzügen empfangenen Wunden verwiesen oder diese gar vorzeigten, andererseits die Narbenlosigkeit ihrer Kontrahenten verspotteten.[1] Auch in anderen Kulturen spielen Narben eine Rolle als vorzeigbare Beweise für Tapferkeit und Opfermut.[2]

Und auch wenn in Deutschland die sogenannten Schmisse im Gesicht ein seltener Anblick geworden sind, erfreuen sich doch andere, technisch ausgefeilte Formen der Skarifizierung zunehmender Popularität. Wunden und die daraus entstehenden Narben sind Zeichen, dass Ernst gemacht wurde, dass Blut geflossen ist. In der Literatur fungieren Narben als Spannungserzeuger; ein Beispiel ist die Stirnnarbe Harry Potters, die diesem, wie man im Verlauf des Buches erfährt, von dem Magier Voldemort beigebracht wurde.[3]

Die Vis mediatrix naturae

Narben sind nicht nur Anlässe, dramatische Geschichten zu erzählen, sie erzählen immer auch von einer stillen, wenig beachteten Geschichte, denn sie sind immer auch Heilungsspuren. Eine neue Haut bildet sich geräuschlos dort, wo zuvor ein blutender Riss, ein Loch, eine Abschürfung war. Meist schließt sich die Wunde wieder. Die Wunde heilt »von selbst« – und das Selbst, das hier heilt, kann als etwas Natürliches bezeichnet werden.

All dies ist alltäglich und allgegenwärtig. Niemand kommt unverletzt durchs Leben. Der Bauchnabel, der nichts anderes ist als diejenige Narbe, die so alt ist wie wir selbst, erinnert daran, dass auch niemand unverletzt *ins* Leben gelangt.

So alltäglich der Prozess der Narbenbildung ist, so erstaunlich ist er zugleich, und noch in den neuesten Lehrbüchern der Wundmedizin wird auf dieses Erstaunliche gleich zu Beginn hingewiesen. So liest man etwa in einem aktuellen Buch namens *Wundatlas*, dessen Abbildungen nichts für schwache Nerven sind: »Jedes Lebewesen ist Verletzungen seiner Oberfläche ausgesetzt. Das biologische Phänomen der Wundheilung in Form von Regeneration und Reparation verhindert den Eintritt einer Infektion und schützt

1 Egon Flaig, *Ritualisierte Politik. Zeichen, Gesten und Herrschaft im Alten Rom*. In: Ders., *Historische Semantik*. Bd. 1: *Ritualisierte Politik*. Göttingen: Vandenhoeck & Ruprecht 2003.

2 Enid Schildkrout, *Inscribing the Body*. In: *Annual Review of Anthropology*, Nr. 33/1, 2004.

3 Zu Wunden und Narben als Erzählmotiv vgl. Christine Goldberg, Artikel *Wunde*. In: Rolf Wilhelm Brednich u.a. (Hrsg.), *Enzyklopädie des Märchens. Handwörterbuch zur historischen und vergleichenden Erzählforschung*. Bd. 14. Berlin: de Gruyter 2014.

den Organismus.«[4] Obwohl die Wunde seit jeher einer der zentralen Anlässe für Hilfeleistungen ist, steht fest, dass hinter der Wundheilung nicht die ärztliche Hilfe steht, sondern ein leiblicher Prozess, ohne den alle Hilfe erfolglos wäre: »Die Fähigkeit des Organismus zur Wundheilung bildet [...] die Grundlage jeglicher Therapie.«

In der medizinischen Literatur wurde das Phänomen der Selbstheilung schon früh gewürdigt: Paracelsus etwa schreibt in seiner *Großen Wundarznei* (1536), dass »die Natur ihren eigenen Arzt in ihrem eigenen Gliede [hat], der das heilt, was in ihr verwundet ist«. Auch wo einer eine Krankheit überwindet und wieder gesund wird, ist nach Ansicht einer langen Tradition in der medizinischen Theorie letztlich die Selbstheilungskraft der Natur wirksam. Auch wenn das bei Infektionskrankheiten nicht so offensichtlich und unbestreitbar ist wie bei Wunden – man könnte ja die Erkrankung auch auf bösen Zauber und das Gesunden auf ein Nachlassen des Zaubers oder auch auf einen mächtigeren Gegenzauber zurückführen –, gibt es doch Indizien dafür.

So wurde schon früh beobachtet, dass die Krankheit nicht nur ein Leiden ist, sondern auch ein Kampf, und man hat auch oft vermutet, dass gerade das Fieber eine wichtige Rolle in diesem Kampf spielt. Schon Hippokrates schrieb, dass die »Naturen die Ärzte der Krankheiten« sind.[5] Der Arzt Galenos von Pergamon sah es ähnlich und erklärte, dass »die Natur der Hauptwerkmeister [ist], wodurch die Gesundheit dem Kranken verschafft werde«. Über jenen »Hauptwerkmeister« oder »inneren Arzt« schrieb der Mediziner und Medizinhistoriker Karl Friedrich Heinrich Marx 1872: »Ein solcher Arzt ohne Apotheke und ohne Instrumente, immer wach und immer thätig, kennt so mannigfache Wege der Erleichterung und Hilfe, dass die unbewusste Seele oft die bewusste beschämt. Die den Organismen eingeborene Urpotenz, bezeichnet als Bildungstrieb, Lebenskraft, Erhaltungskraft, Heilkraft, führt den Kampf um das Daseyn. Das schaffende und ordnende Prinzip [...] entwickelt in der obwaltenden Störung eine wunderbare Mannigfaltigkeit von Wirkungen.«[6]

Auch berühmte Kliniker des 20. Jahrhunderts verweisen mit vielen Beispielen auf dieses Phänomen, wie etwa der Psychiater Eugen Bleuler, der nach Schilderung einiger Beispiele für Selbstheilungen auch bei vermeintlich hoffnungslosen Erkrankungen seine Auffassung so zusammenfasst: »Ich meine also, man solle medizinieren, wo man weiß, daß es nötig oder nützlich ist, sonst aber nicht, und man sollte zu erforschen suchen, nicht nur welches Mittel besser ist als ein anderes [...] sondern ob überhaupt die Anwendung eines Mittels besser ist, als die Natur machen zu lassen.«[7]

4 Hans Lippert (Hrsg.), *Wundatlas. Kompendium der komplexen Wundbehandlung*. Stuttgart: Thieme 2012.

5 Max Neuburger, *Die Lehre von der Heilkraft der Natur im Wandel der Zeiten*. Stuttgart: Enke 1926.

6 Karl Friedrich Heinrich Marx, *Lassen oder Thun? Eine ärztliche Kunst- und Gewissensfrage*. In: *Abhandlungen der Königlichen Akademie der Wissenschaften zu Göttingen*, Bd. 17, 1872.

7 Eugen Bleuler, *Das autistisch-undisziplinierte Denken in der Medizin und seine Überwindung* [1919]. Berlin: Springer 1966.

Dass die Menschheit ohne die Selbstheilungskräfte der Natur längst ausgestorben wäre, ist in dem Diskurs über die *vis mediatrix naturae*, die Heilkraft der Natur, öfters betont worden. Gäbe es kein Verheilen der Wunde von selbst, dann müsste schon die kleinste Verletzung tödlich sein. Freilich sind die Selbstheilungskräfte keineswegs unbegrenzt und auch nicht immer erfolgreich, was besonders bei chronischen Erkrankungen offensichtlich ist. Eine Wunde, die sich einmal geschlossen hat, sollte tunlichst nicht erneut verletzt werden. Eine Narbe ist allgemein empfindlicher und auch nicht so belastbar wie die übrige Haut. Es ist eben nur ein Reparaturgewebe. Ganz ähnlich hinterlassen schwere Erkrankungen, selbst wenn sie überwunden wurden, oft geschwächte Organe oder gar einen insgesamt geschwächten Körper, der nicht mehr so widerstandsfähig ist wie zuvor.

Die »große Vernunft« in der Leibphilosophie

Man findet in den modernen Ansätzen der Leibphilosophie, wenn ich nichts übersehen habe, die Stichworte »Wunde« oder »Narbe« nicht.[8] Das Phänomen der Selbstheilung ist den am »Leitfaden des Leibes« Philosophierenden trotzdem nicht entgangen. Nietzsche etwa nennt in *Also sprach Zarathustra* (1883) den Leib die »große Vernunft«, die er gegen die »kleine Vernunft« zur Geltung bringen will. Diese große Vernunft kann man in den Selbstheilungsprozessen einer Wunde durchaus erahnen. Im Anschluss an Nietzsche und Merleau-Ponty schrieb der Psychiater Jürg Zutt: »Wir zivilisierten Menschen haben so vieles gelernt, daß wir darüber vergessen haben, was wir je schon können.«[9] Dieses Je-schon-Können von Dingen, die wir nie gelernt haben, trägt uns durch den Alltag, und daher spricht Zutt auch vom »tragenden Leib«.

Hermann Schmitz schließlich, der vielleicht wichtigste moderne Leibphilosoph, entwarf das Bild eines Reiters, der gelassen und vertrauensvoll auf seinem Pferd sitzt, um ein aus seiner Sicht ideales Verhältnis zur eigenen Leiblichkeit darzustellen. Das Pferd, größer und viel stärker, trägt die Person.[10]

Alle diese Gedanken weisen darauf hin, dass der Leib etwas ist, das mit Kräften und Fähigkeiten begabt ist, die wir ihm nicht antrainiert haben, die ihm vielmehr eingeboren sind, die sich im Laufe der langen Entwicklung des menschlichen Leibes über ungezählte Generationen, in denen das Leben weitergegeben wurde, herausgebildet haben und uns gerade durch schwierige Lebenslagen, zu denen Krankheit und Verletzungen gehören, tragen.

Jean-Paul Sartre hat zwischen Existenzphilosophie und Naturphilosophie eine wichtige Verbindung hergestellt, indem

8 Vgl. Andreas Steffens, *Die Narbe oder Vom Unerträglichen. Versuch über Unglück*. Wuppertal: Arco 2018. Steffens' Meditation der Narbe ist lesenswert und eingehend, sie fokussiert aber vor allem auf den Zeichenaspekt und die sich in der Narbe zeigende Verletzlichkeit. Eine Verbindung zur Medizin stellt Steffens nicht her.

9 Jürg Zutt, *Über den tragenden Leib*. In: Ders., *Auf dem Wege zu einer Anthropologischen Psychiatrie. Gesammelte Aufsätze*. Berlin: Springer 1963.

10 Hermann Schmitz, *Die Liebe*. Bonn: Bouvier 1993.

er in *Das Sein und das Nichts* den Leib als »Natur-für-uns« bezeichnete. Gernot Böhme variiert diese Einsicht in seiner Aussage, dass der Leib die Natur ist, die wir selbst sind.[11] Diese These führt zu der Frage, welche allgemeinen Züge der Natur wir an unserem eigenen Leib wahrnehmen können.[12] Wenn man sich davon leiten lässt, kann man an der Wundheilung einen Zug wahrnehmen, der in der nichtleiblichen Natur *zunächst* weniger auffällt: Sie kann ihren Zustand wiederherstellen, sie kann sich wiedergutmachen, sich regenerieren, ihre Selbsttätigkeit hat also, zumindest in bestimmten Fällen, zu denen die Wundheilung zählt, ein klares Ziel, nämlich eine Wiederherstellung.

In jedem Heilungsprozess, aber auch schon in der Krise des Krankseins ist diese Selbstheilungskraft am Werk, und sie verbindet uns mit anderen Lebewesen, mit Tieren und auch mit Pflanzen, denn auch die haben erstaunliche Fähigkeiten, sich selbst zu heilen, ja, bei ihnen ist es – außer, sie gelangen in veterinärmedizinische oder gärtnerische Pflege – so, dass sie entweder selbst mit der Verletzung oder Erkrankung zurechtkommen oder umkommen.

11 Gernot Böhme, *Leib. Die Natur, die wir selbst sind*. Berlin: Suhrkamp 2019; ders., *Ethik leiblicher Existenz. Über unseren moralischen Umgang mit der eigenen Natur*. Frankfurt: Suhrkamp 2008. Vgl. die sehr eindrückliche Darstellung desselben Gedankens bei Traugott Koch, *Der Leib und die Natur. Zum christlichen Naturverhältnis*. In: *Neue Zeitschrift für Systematische Theologie und Religionsphilosophie*, Nr. 20/3, 1978.

12 Kira Meyer, *Wie ist Naturphänomenologie möglich? Eine Debatte*. In: *Rostocker Phänomenologische Manuskripte*, Nr. 38, 2022.

Lassen oder behandeln?

Von hier aus wird deutlich, warum Leibsein nicht nur ein Forschungsgebiet ist, sondern, wie Böhme mit Recht sagt, eine Aufgabe, die sich jedem existentiell stellt. So führen etwa der Ausbau des medizinischen Systems und dessen Ökonomisierung, aber auch die Erfolge der modernen naturwissenschaftlichen Medizin seit dem 19. Jahrhundert dazu, dass sich immer mehr Menschen gerade *nicht* auf die Selbstheilungsfähigkeit ihres Leibes verlassen, sondern professionelle Behandlung verlangen. Die immanente Logik des medizinischen Systems fördert diesen Trend. Schon Eugen Bleuler wies mit Blick auf die »sehr kapitalkräftig[e] und prosperierend[e]« Arzneimittelindustrie darauf hin, dass »das Heilmittel eine Krankheit geradezu züchten kann«. Die Anlässe werden bekanntlich immer banaler, auch mit leichten Verletzungen gehen Menschen inzwischen zum Arzt.

Die Balance zwischen Lassen und Behandeln ist keineswegs ein ganz neues Problem. Die Medizingeschichte zeigt, dass die Ärzte selbst eine jahrhundertelange Diskussion dazu führten, in der alle nur denkbaren Standpunkte vertreten wurden. Es gab sogar die Extremposition der rein exspektativen, nur abwartenden Medizin, die angesichts der Misserfolge zahlreicher Kuren zu einem kompromisslosen Zuwarten ohne aktives Eingreifen riet.[13] Gerade diese Lehre, die nur die Natur machen lässt, hatte unter den Anhängern der

13 Besonders bekannt für diese Position ist die allerdings satirisch gemeinte Schrift des Mediziners Gideon Harvey, vgl. Max Neuburger, *Die Lehre von der Heilkraft der Natur im Wandel der Zeiten*.

sogenannten Naturheilkunde im 19. und auch im 20. Jahrhundert erneut eine bedeutende Anhängerschaft.[14] Hier sollte der Arzt sich auf eine rein unterstützende Rolle beschränken und dabei vor allem natürliche Hilfen, wie etwa Bäder, anbieten. Alle synthetischen Medikamente wurden in Bausch und Bogen verurteilt und summarisch als »Gift« bezeichnet.

Der bereits erwähnte Karl Friedrich Heinrich Marx vertrat demgegenüber eine moderate Position. Er riet mit Blick auf die Alternative von Eingriff und Abwarten zu einem Abwarten mit Blick auf den rechten Moment fürs Eingreifen: »Warten mit gespannter Aufmerksamkeit, ruhiges Verharren mit steter eindringender Beobachtung [...] ist kein passives Zuschauen [...] Sondern ein überlegtes Abwarten auf den rechten Augenblick zum carpe momentum für ein erfolgreiches Thun.« Er zählte aber auch Erkrankungen auf, bei denen ein sofortiges Eingreifen unerlässlich ist.

Heute ist fast überall in Mitteleuropa die ärztliche Versorgung so umfassend wie nie zuvor in der Menschheitsgeschichte. Die Einsicht, dass der eigene Leib sicher nicht mit allen, aber doch mit vielen Problemen selbst fertig wird, wenn man ihm nur Zeit und Ruhe gibt, kann unter diesen Umständen kaum mehr Wurzeln fassen. Wer eine bestimmte Behandlung ablehnt, braucht fast schon Zivilcourage, angesichts der Zwänge, in denen sich der rasch wieder funktionsfähig sein wollende Kranke, aber auch die behandelnden Ärztinnen und Ärzte, die ihre Geräte abzahlen und ihre Mitarbeiter bezahlen müssen, heute befinden. Damit soll in keiner Weise die moderne Medizin insgesamt abgewertet werden, sie ist im Ganzen ein Segen. Ärztliche Maßnahmen können unerlässlich sein, um menschliches Leben zu retten; und heute sind sie oft auch effektiv.

Und doch ist die Besinnung auf die eigenen Selbstheilungskräfte, deren Existenz jede verheilte Wunde bezeugt, keine romantische Esoterik, sondern kann sich auf eine lange Tradition in der Medizin selbst berufen. Dabei geht es vor allem um eine Gelassenheit, die auf Heilungsprozesse der Natur vertraut und zum Beispiel durch geeignete Imaginationen oder Wahrnehmungen, durch Meditation und bestimmte, leichte Bewegungen unterstützt wird. Eindrücken von parallelen großen Naturprozessen wie der Erneuerung im Frühjahr kommt dabei eine besondere Bedeutung zu.[15]

Dass nicht nur die Natur in uns, also unsere leibliche Natur, selbstheilungsfähig ist, sondern dass diese natürlichen Selbstheilungsprozesse durch den Aufenthalt in der äußeren Natur unterstützt werden können, hat die neuere Forschung eindrucksvoll bestätigt. Man spricht von geradezu »therapeutischen Landschaften« und »healing places«. Beispiele sind Kurorte, aber auch der Stadtwald in der Nähe und sogar der Baum vor dem Klinikfenster, der, wie Studien gezeigt haben,

14 Vgl. die ausgezeichnete Untersuchung von Uwe Heyll, *Wasser, Fasten, Luft und Licht. Die Geschichte der Naturheilkunde in Deutschland*. Frankfurt: Campus 2006.

15 Farideh Akashe-Böhme/Gernot Böhme, *Mit Krankheit leben. Von der Kunst, mit Schmerz und Leid umzugehen*. München: Beck 2005. Vgl. auch Dietrich Ritschl, *Zur Theorie und Ethik der Medizin. Philosophische und theologische Anmerkungen*. Göttingen: Vandenhoeck & Ruprecht 2004.

ebenfalls Heilungsprozesse beschleunigen und den Bedarf an Schmerzmitteln reduzieren kann.[16]

Selbstheilungsprozesse in der äußeren Natur

Die Fähigkeit unseres Organismus, sich zu heilen, sehen wir auch bei Tieren und sogar bei Pflanzen. Eine in der Mitte durchgeschnittene Zitrone bildet über Nacht auf jeder Zelle wieder eine neue Haut. Bäume, deren Äste abbrachen, treiben neue Zweige. Und Tiere heilen ihre Verletzungen ohnehin von selbst, bei manchen Amphibien können sogar ganze Glieder nachwachsen.[17]

Doch man kann Selbstheilungsprozesse oder jedenfalls ein Analogon dazu nicht nur an einzelnen Organismen, sondern auch in Ökosystemen beobachten. Ökosysteme sind in erstaunlichem Umfang in der Lage, sich nach destruktiven Ereignissen wieder zu regenerieren, sie stellen sich, wo sie beschädigt oder vernichtet wurden, selbst wieder her und wieder auf, die ökologische Forschung spricht mit einem sperrigen und irreführenden Wort von »Sukzession« (von lateinisch *succedere*, nachfolgen).[18] Gemeint ist damit die allmähliche Wiederkehr der spezifischen Pflanzen-, Pilz- und Tiergesellschaften, die für einen bestimmten Standort typisch sind, nach einer Zerstörung oder Verheerung zum Beispiel durch einen Waldbrand. Während das Wiederaufblühen nach dem Winter, das an sich ein ähnliches Phänomen ist, nur das Wiederaufleben nach einer wohlvorbereiteten Pause ist, geht es hier um die eigentliche Regeneration nach einer Vernichtung.

Man könnte hier bildlich vom allmählichen Verheilen einer Wunde in der Landschaft sprechen. Ein Stück Wald, das durch Brandrodung vernichtet wurde, kann auf diese Weise wiedererstehen. Vielleicht nicht ganz so wie zuvor, so wie ja auch eine Narbe nicht ganz die ursprüngliche Haut ist, aber doch weitgehend. Und wie bei der Wundheilung am eigenen Leib benötigt das Sich-Wiederherstellen eines Ökosystems Zeit, und zwar noch deutlich mehr Zeit als die leibliche Wundheilung, bei Wäldern kann es sich um mehrere hundert Jahre handeln.

Doch unabhängig von den unterschiedlichen Zeitskalen: Hier ist eine Brücke zwischen dem, was man als Natur am eigenen Leib erfährt, und dem, was man in der äußeren Natur sehen kann.

Diese Brücke ist nicht nur für den Umgang mit dem eigenen Leib, sondern auch

16 Die klassische Untersuchung von Roger Ulrich wird ausführlich diskutiert bei Joachim Rathmann, *Therapeutische Landschaften. Landschaft und Gesundheit in interdisziplinärer Perspektive*. Wiesbaden: Springer 2020; vgl. auch ders., *Gesundheitsressource Landschaft*. In: Jens Soentgen u.a. (Hrsg.), *Umwelt und Gesundheit*. Baden-Baden: Nomos 2020. Grundlegend für den Themenbereich: Thomas Kistemann / Jürgen Schweikart / Carsten Butsch, *Medizinische Geographie*. Braunschweig: Westermann 2019.

17 Aus der Beobachtung eines angeschossenen Rehs, das seine Wunde an einer Quelle kühlte und heilte, schloss der damals zwölfjährige Bauernjunge Vincenz Prießnitz, der später ein berühmter »Wasserdoktor« wurde, auf die Heilkraft des Wassers. Vgl. Uwe Heyll, *Wasser, Fasten, Luft und Licht*.

18 Deren Theorie hat vor allem der spanische Ökologe Ramón Margalef entwickelt. Vgl. Lawrence R. Walker, *Margalef y la sucesión ecológica*. In: *Ecosistemas*, Nr. 14/1, 2005.

für den Umgang mit der Natur wichtig, weil sie auf ein Phänomen hinweist, das Mut machen kann. Und Mut ist angesichts vieler schwerverdaulicher Nachrichten im Umweltbereich durchaus willkommen. So sieht etwa Michael Rosenberger die Umweltbewegung in einem Dilemma von Resignation und Burnout und empfiehlt ein gelassenes Engagement, das er theologisch fundiert,[19] das sich mit Blick auf das Phänomen der Selbstheilungskräfte der Natur aber auch ohne Rekurs auf theologische Vorannahmen plausibel machen lässt: Zerstörungen können wieder gutgemacht werden, ja, sie können von selbst wieder gut werden, sobald die Schädigung unterbunden wird. Flüsse, die ökologisch gesehen aufgrund von Eindeichung und Wasserkraftnutzung praktisch nur noch Fluss-Leichen sind, wie Naturschützer in solchen Fällen gern sagen, also drastisch degradierte Ökosysteme, können tatsächlich revitalisiert werden. Und dazu ist es keineswegs erforderlich, den ganzen Fluss von der Quelle bis zur Mündung wieder in den ursprünglichen Zustand zu versetzen. Es reicht, wenn auch nur ein Teilstück von den schädigenden Quer- und Längsbauwerken befreit wird.

Wiederergrünende Natur

In einem Brief schrieb Wilhelm von Humboldt im Jahr 1829: »Wer auch noch so tief in Kummer und Gram versenkt ist, überläßt sich doch gern den Gefühlen, welche die tausendfältigen Blüthen des sich verjüngenden Jahres […] erwecken.«[20] Und wo gänzlich verwüstete Natur wiederaufersteht, ist der therapeutische Effekt womöglich noch größer. Der brasilianische Fotograf Sebastião Salgado erbte in den 1990er Jahren von seinen Eltern eine Farm, die im Bundesstaat Minas Gerais im Südosten des Landes lag. Das einst fruchtbare Land war durch jahrelange Ausbeutung vollkommen ausgelaugt.

Bis auf winzige Waldreste war alles abgeholzt. Salgados Vater hatte die Farm ökonomisch ausgepresst, um seinen Söhnen ein Studium im Ausland zu finanzieren. Entsprechend sah das Gelände aus, eine karge, verbrannte Steppe, die Regenfälle hatten tiefe Gräben eingerissen. Das Ehepaar Salgado gründete 1998 das Instituto Terra, es begann mit der Wiederaufforstung der gesamten Farm, die 600 Hektar groß ist. Inzwischen wurden über drei Millionen Bäume gepflanzt, alles autochthone Sorten des heute nur noch in winzigen Resten vorhandenen Küstenregenwalds, der Mata Atlântica.

Und die Setzlinge gingen an, wo früher rotbraune Erde und dürres Gras die Gegend dominierten, stehen nun, ein Vierteljahrhundert später, überall wieder Bäume. Und mit ihnen begann ein umfassender Selbstheilungsprozess. Denn nicht nur die gepflanzten Bäume gingen an, das gesamte Ökosystem stellte sich wieder her. Mit dem Pflanzen von Bäumen beschleunigt man die Wiederherstellung des Ökosystems, ähnlich wie ein Arzt eine Wunde näht oder klammert, um ihre Heilung abzusichern. Pflanzen und Tiere vervollstän-

19 Michael Rosenberger, *Eingebunden in den Beutel des Lebens. Christliche Schöpfungsethik*. Münster: Aschendorff 2021.

20 *Wilhelm von Humboldts Briefe an eine Freundin*. Hrsg. v. Albert Leitzmann. Bd. 2. Leipzig: Insel-Verlag 1909.

digten ohne weiteres Zutun der Salgados den wachsenden Wald: Orchideen, Reptilien, Fledermäuse, Schmetterlinge, Ameisen, Käfer, Vögel, selbst selten gewordene Säugetiere kehrten zurück. Auch viele Quellen, die versiegt waren, erholten sich, sie sprudelten nun wieder, ein Phänomen, das an ein Wunder denken lässt, aber von Ökologen auch natürlich erklärt werden kann, weil der Wald den Wasserhaushalt reguliert.[21]

Und diese Heilung eines Stücks Natur wirkte auf den Fotografen selbst zurück, der damals nach anstrengenden, jahrelangen Projekten selbst ausgebrannt war: »Das Land war krank wie ich [...] Dann hatte meine Frau die wunderbare Idee, den Wald neu zu pflanzen. Und als wir damit begannen, kamen die Insekten, die Vögel und die Fische zurück, und dann, dank des Wachstums der Bäume, wurde auch ich selbst wiedergeboren – und das war der wichtigste Moment.«[22]

21 Und umgekehrt, wo Wald gerodet wird, versiegen die Wasserquellen. Darauf wies schon 1937 der deutsche Entomologe Arnold Schultze hin: »Wenn man nicht nur das Morgen vor Augen hat, sondern den Versuch macht, in Generationen zu denken, so wird einem das Verständnis aufgehen für die Zusammenhänge zwischen der seit Menschenaltern in Columbien geübten Waldverwüstung und dem Austrocknen der Quellen und Flüsse mit den daraus entstehenden schweren wirtschaftlichen Schäden.« Arnold Schultze, *Flammen in der Serra Nevada de Santa Marta* [1937]. In: Hanna Zeckau/Hanns Zischler (Hrsg.), *Der Schmetterlingskoffer. Die tropischen Expeditionen von Arnold Schultze*. Berlin: Galiani 2010.

22 John Vidal, *Sebastião Salgado focuses on big picture with parable of reforestation in Brazil*. In: *Guardian* vom 27. Juli 2015 (www.theguardian.com/global-development/2015/jul/27/sebastiao-salgado-fredrick-shoo-reforestation-brazil-tanzania). Vgl. auch die ausführliche Dokumentation bei www.institutoterra.org.

Im geschlossenen System

Von Sibylle Severus

Am Sonntagmorgen sind die Straßen der Stadt ausgestorben.

Als einziger Fahrgast steige ich aus dem Bus und gehe die eintönige, von Häusern gesäumte, von nass glänzenden Tramschienen geteilte Straße hinunter wie jeden Sonntag, wenn ich meinen Besuch mache. Meistens bringe ich ein Bündel frischgewaschener Wäsche.

Die Umhängetasche rutscht von der Schulter. Ich hänge sie quer über die Brust. Es hat geregnet. Das diffuse Stadtlicht verrät nichts über die Tages- oder Jahreszeit. Es kann Sommer, Herbst oder Winter sein, Morgen oder Nachmittag; es könnte diese oder jene Stadt sein, mit den immer gleichen Geschäften und den Kunststeingefäßen auf dem Trottoir, in denen Blumen stehen. Ich fasse sie an, die leuchtenden Primeln, sie sind echt.

Die Blumen und ich sind die einzigen Lebewesen.

Ein alter Mann tritt in mein Blickfeld. Er kommt die Straße herauf und geht wie viele alte Leute: langsam, den Kopf geneigt, die Augen in den Boden gebohrt.

Plötzlich klappt er zusammen, als hätte man einen Schirm zugemacht. Er fällt vornüber, mit dem Gesicht auf den Gehsteig.

Nein, denke ich, das ist doch nicht wahr!

Ich sehe mich um und weiß, dass ich der einzige Mensch weit und breit bin und also verantwortlich.

Der Mann hält den Kopf vom Asphalt weg und schaut mich an; eigentlich wie die Blumen, denn er sieht mich nicht wirklich. Meine Frage, ob er sich verletzt hätte, versteht er nicht. Allerdings höre auch ich meine Stimme nicht, meine Ohren übermitteln momentan keine Geräusche. Er schweigt, sieht mich mit kleinen Augen an und blutet aus der Oberlippe.

Ich versuche, ihm aufzuhelfen, doch ist er schwer wie ein Betonsockel, obwohl er wahrhaftig nicht groß ist. Endlich kommt ein Auto, ich halte es mit heftigem Schwenken meines rechten Armes an. Hätte mich auch vor den Kühler gestellt. Dem Gestürzten zugewendet, höre ich den Wagen ausrollen, sehr langsam. Zögernd steigt der Fahrer aus.

Helfen Sie mir bitte! sage ich.

Auch er kann den Mann nicht aufstellen. Aus meinem Bündel hole ich ein Handtuch und gebe es dem Senior.

Es ist ganz frisch, sage ich. Er hält das Tuch in der Hand, legt es jedoch weder an die Wunde noch seinen Kopf darauf.

Zwei Zuschauer sind dazu getreten.

Wo er zu Hause sei, frage ich den alten Mann.

Im Heim, sagt er.

Wir rufen die Sanität, sagen die anderen.

Helfen Sie ihm lieber, aufzustehen: Sie rechts, und Sie an der anderen Seite, ordne ich an.

Zögernd greifen die Männer zu, und stellen den Greis auf die Beine. Er sieht mich an wie mein Igel, wenn ich ihm nachts im Schein der Straßenlaterne begegne.

Der Asphalt ist nassdunkel. Wie durch eine Lupe sehe ich das Grobkörnige, Harte, Kalte. Würde man auf die Sanität warten, bekäme der alte Mann eine Lungenentzündung.

Die Männer haben ihn aufgerichtet. Er kann stehen.

Zum Autofahrer sage ich, er solle mich und den Mann in das Altersheim fahren, es sei ganz in der Nähe. Der fremde Mann überlegt längere Zeit.

Halten Sie das Tuch gut an den Mund, sagt er schließlich, wir bringen Sie nach Hause.

Ich will nicht heim, ich muss jetzt poschten! sagt der Alte.

Was müssen Sie denn am Sonntag einkaufen? fragen wir.

Kommen Sie, steigen Sie ein, und halten Sie endlich das Tuch an den Mund! sagt der Autofahrer ungeduldig.

Ich klettere auf die Hinterbank. Die Handtasche rutscht wieder herunter, fällt auf die Straße.

Auf dem Trottoir steht eine hellrote kleine Blutlache.

Die Männer setzen den Alten in das Auto, schnallen ihn an.

Von hinten halte ich seine Schulter, widerstehe dem Wunsch, ihn zu streicheln; versichere, es sei nicht schlimm, nur eine kleine Platzwunde an der Lippe.

In zwei Minuten sind wir vor dem Haus. Ohne Auto hätte ich dem Greis Fuß vor Fuß schieben müssen. Er hat einen Schock, wir wären nie angekommen.

Der Autofahrer und ich haben miteinander geschwiegen. Als der Gefallene und ich schon an der Haustür waren, hat mir unser Chauffeur das Netz mit der Wäsche nachgetragen, das ich auf dem Rücksitz neben seinen Schachteln vergessen hatte.

Ich läute zweimal. Bis geöffnet wird, frage ich, wie der Sturz passiert sei.

Mir war blöd, sagt der Alte, als kennten wir uns lebenslänglich, als sei ich seine nächste Angehörige oder gar niemand. Einer Pflegefrau übergebe ich mein Blumenkind.

Dann mache ich meinen Besuch in diesem Haus – ich kenne dort jemanden. Im vierten Stock sitze ich in einem Sessel und kann von nichts anderem reden als von dem Mann und hinaussehen in den dunklen Himmel.

Als es wild zu schneien beginnt, erscheint mir das wie eine persönliche Vergünstigung. Nun würde das Blut von der Straße gewaschen, vor dem es doch jedem graust. Ich kann mir nicht vorstellen, dass es jemanden gibt, dem es nicht grauste; die ganze Zeit hatte ich überlegt, wie es wegzuputzen sei. Jetzt kann ich aufbrechen. Es hat keinen Sinn, auf ein anderes Thema auszuweichen, der Film läuft und läuft. Auf der anderen Straßenseite gehe ich zur Busstation hinauf.

Zuhause fragt mein jüngster Sohn, ob ein Gewitter komme.

Im März doch nicht, meine ich.

Ihr blöden Stadtmenschen, natürlich im März! sagt unser Freund, der Forstwart.

Der Donner kracht sommerlich laut.

Der Sohn zählt die Blitze, mindestens fünf.

Ich sei zwar kein Stadtmensch, erwähne ich.

Aus dem Altersheim ruft meine Bekannte an. Sie erzählt, man habe den alten Mann mit Sanität und Blaulicht geholt. Er sei übrigens vierundneunzig.

Am nächsten Tag steht in der Zeitung, der Blitz habe auf der Landstraße einen Jüngling getroffen.

Wieder ruft die Frau an. Sie wisse nun, dass der alte Mann am Sonntag noch einmal zum Einkaufen fortgegangen und wieder gefallen sei, diesmal dümmer. Trotzdem, er sei nicht lebensgefährlich verletzt.

Nachts träume ich oft von einer Straße, die breit und asphaltiert ist und leicht gewunden bergauf geht. Ich soll – eine alte Frau ist an meiner Seite – dort hinauf. Bin aber immer so müde, dass ich jedes Bein mit beiden Händen, Schritt für Schritt, heben muss.

Dabei geht meine Straße bergab, davor kann man die Augen nicht verschließen.

Zwei Tage später erzählt meine Bekannte, der Alte sei wieder im Heim. Er sei schweigsam, aber das sei seine Art.

Einmal fahre ich mit ihm im Lift. Er weiß nichts von mir, erinnert sich an das Ereignis auf der Straße nicht. Obwohl wir in einem Käfig zusammen von oben nach unten schweben, nimmt er mich nicht wahr; steht einen Kopf kleiner, im rechten Winkel zu mir, steht in weißen Schuhen, in hellgrauen Hosen, in blauem Hemd und weißer Schirmmütze; ist eingekleidet wie ein Junger. Er hat eine glatte Haut und schneeweißes Haar, er ist ein hübscher Vierundneunzigjähriger.

Wie geht es meinem alten Mann? frage ich manchmal.

Im Herbst ruft meine Bekannte an und sagt, mein Freund sei beim Essen so weiß gewesen und am späten Nachmittag sei er gestorben. Wir schweigen und weinen ein bisschen.

Vor mir liegt das Physikbuch des Jüngsten. Ich blättere darin. Die Merksätze stehen in schwarzumrandeten Kästchen auf lachsfarbenem Grund. Zum Beispiel: »Im abgeschlossenen System bleibt die Gesamtenergie konstant. Die einzelnen Energieformen können sich ineinander umwandeln.«

Ich halte es durchaus für möglich, dass es immer wieder ein frischer Igel mit einem uralten Wesen ist, der mir alljährlich nachts begegnet.

Götterfunken oder Die Sanftmut der Kannibalen

Von Susanne Neuffer

Dass ich nicht singen kann, habe ich nur dem Major erzählt. Er meinte, es gebe keine unmusikalischen Menschen. Das sagen sie alle.

Der Major ist Hausmeister der Stadtbibliothek, in deren Saal wir mittwochs proben. Wie er zu seinem Spitznamen gekommen ist, weiß man nicht. Es gibt Gerüchte, er sei früher beim britischen Geheimdienst gewesen. Dass er keinen Akzent habe, sei normal, das gehöre für Geheimagenten dazu.

Er wirkt vertrauenerweckend auf mich. Geschichten aus einer anderen, vergangenen Welt.

Als ich meinen Namen auf die Liste schrieb, glaubte ich das Zucken um den Mund und um die Augenwinkel der Frau zu sehen, die die Chorliste und die Kasse verwaltet.

Ich heiße nun mal Alma Wagner. Manche Menschen lassen sich etwas anmerken (Kennerschaft? Amüsement?), weil ihr Hirn nach dem Namen Alma etwas anderes erwartet. Da passt etwas nicht zusammen, aber sie wissen nicht sofort, was.

Die Frau, die die Liste und die Kasse führt, Marianne, hat also erwartungsgemäß reagiert. Sie ist nicht die Frau, die die Noten verwaltet. Das ist Karin. Es gibt dann noch eine Frau, die für Feste und Aufführungen zuständig ist – Erika? –, und eine für die Öffentlichkeitsarbeit. Deren Namen habe ich nicht richtig mitbekommen. Es gibt auch einige Männer, drei oder vier Bässe, die müssen aber keine Ämter übernehmen, scheint es.

So muss die Chorleiterin nur noch dirigieren. Ich muss hoffentlich nur singen und meinen Stuhl vor und nach den Proben zurück ins Stuhllager tragen, zusammen mit den Stühlen von besonders nachlässigen Chormitgliedern, die tatsächlich nur zum Singen kommen und sofort wieder verschwinden. Das erfährt man alles bei der ersten Probe, oder man lernt es nie.

Es gibt noch eine Frau im Chor, die die Fotoliste verwaltet. Wozu braucht ein Chor eine Fotoliste? Ich denke, ich habe zu viele Agentenromane gelesen und bin zu aufmerksam.

Aufmerksam muss man sein, wenn man eine Karriere bei den Diensten anstrebt. Die Tochter meiner Nachbarin bewirbt sich gerade beim Verfassungsschutz. BND fände sie auch cool, hat sie gesagt, den Unterschied zwischen beiden müsse sie noch recherchieren. Das Video vom BND sei irgendwie heftiger gewesen, dunkler, mehr so wie in den Serien. Ich hatte meine boshaften Minuten und fragte sie, ob sie auch den MAD in Erwägung ziehe. Echt nein (sie wusste nicht, dass es ihn gibt), aber danke für den Tipp.

Wir singen jetzt die *Ode an die Freude*. Vorher wird kurz diskutiert über das Wort »Brüder«. Eine Frau, die Tenor singt – es gibt in diesem Chor nur weibliche Tenöre –, hat angefragt, ob das noch zeitgemäß sei. Brenda natürlich, zischt die Altstimme hinter mir. Um mich herum sind lauter Altstimmen. Ich bin ja auch eine oder möchte gerne eine werden. Ganz kurzer Disput über Brüder, Schwestern, Schiller, dann stoppt die Chorleiterin das Ganze, wirft uns summend unsere Ausgangstöne zu, und los geht es.

Solange ich zwischen den mächtigen Altstimmen von Erika und Marianne eingeklemmt bin und hinter mir auch noch ein paar tragende Stimmen stehen, werde ich hoffentlich nicht auffallen.

Es ist irgendwie anders als auf meiner Beethoven-CD. Auf dem Notenblatt stehen drei Strophen, zwei davon singen wir. Ich erinnere mich, dass die *Ode an die Freude* ein Gedicht mit ziemlich vielen Versen ist.

Noch ein paar Frühlingslieder und ein Gospelsong, es geht sehr schnell, ich habe den Eindruck, dass alle alles kennen und sich nur ein bisschen erinnern müssen.

Bis zum nächsten Mal, rufen sie. Du kommst doch wieder?, fragt Marianne.

Bestimmt, sage ich.

An der Tür steht der Major und schaut auf die Uhr. Er will um halb zehn abschließen. Er sieht mich fragend an. Ich nicke und sage leise: Sie haben es nicht gemerkt.

So muss es sein, sagt er. Nie auffallen. Aber auch nicht zu unauffällig sein, das würde auffallen.

Darüber muss ich auf dem Heimweg nachdenken. Das wäre auch ein Satz für die Tochter meiner Nachbarin.

Zuhause grabe ich nach den alten Gedichtbänden und der Werkausgabe Schiller, die ich zum Dämmen unter das Regal ganz an die Wand geschoben habe.

Wie ich es mir gedacht habe: Der Refrain fehlt und die meisten Strophen auch. Wir singen nichts, wo Brüder, Vater, Weib, Brüste (der Natur), Schöpfer, Trinken und Männerstolz vorkommen. Und auch nicht die Stelle mit den Kannibalen, die unter dem Einfluss von Alkohol sanftmütig werden.

Auch beim nächsten Mal proben wir die bekannte erste und die rätselhafte zweite Strophe.

Freude heißt die starke Feder
in der ewigen Natur.

Ich kann mich nicht gut auf die Altstimme konzentrieren, die nur eine Terz (ja, ich weiß noch, was eine Terz ist!) unter dem Sopran herumschludert. Es riecht nach Pizza und Quiche und allem Möglichen, ach, heute ist der Tag, an dem alle Geburtstage der letzten zwei Monate gefeiert werden, mit Essen und Prosecco. Ich habe es nicht gewusst, nicht zugehört oder es vergessen, alles sieht mir ähnlich. Ich habe nichts dabei. Ich muss los, sage ich, als das Singen aufhört und das Essen anfängt. Der Major sitzt vor der Tür im Flur und liest einen Thriller von dem Stapel der aussortierten Bibliotheksexemplare. Wahrscheinlich vergleicht er das Buch mit seinen Erfahrungen.

Das ist aber nicht gut, sagt er und meint wohl mein verschämtes Davonlaufen.

Ich weiß, dass er Recht hat.

Freude, Freude treibt die Räder
in der großen Weltenuhr.

Die Chorleiterin, Olga, ist eine straffe, dynamische Frau von höchstens vierzig und unbestimmter Ausstrahlung. Ihre schwarzen Haare sind auf einer Seite (zum Sopran hin) kurz hochgeschoren, zum Alt hin haben sie Kinnlänge. Die Tenöre und Bässe sehen sie von vorne mit ihren zwei Hälften. Ihre konzentrierte Freundlichkeit scheint auf alle hier versammelten Geschlechter zu wirken. Sie lässt keine Vertraulichkeit zu, dennoch liegt ein Hauch von gleichmütigem Hingerissensein im Raum.

Was bitte hat es zu bedeuten, dass wir gerade noch die zweite Strophe singen, aber keine von den anderen? Ich versuche herauszufinden, ob es da einen Code gibt, der zu entschlüsseln wäre. Wir haben es mit einer Feder zu tun, mit Rädern, Sphären und Räumen. Schiller hat den Text – lese ich nach – für die Freimaurer geschrieben, eine Auftragsarbeit, die er einem Gönner schuldete. Ein bisschen Ironie schimmert in den anderen Strophen durch, wo er den (Champagner?)Schaum zum Himmel *sprützen* lässt.

Ich habe viel damit zu tun, eine adäquate Haltung zum Singen zu entwickeln. Eine Chorschwester (Schwester!) hat mich kürzlich so von der Seite her gefragt, ob ich überhaupt mitsinge. Sie höre mich gar nicht. Ein ernstzunehmender Hinweis darauf, dass ich mich stärker einbringen muss. Die alte Angst ist: Man könnte mich heraushören.

Ich singe weniger falsch, wenn ich an dem Gedanken festhalte, eine eingeschleuste Agentin zu sein, die sich integrieren muss, um nicht aufzufliegen. Dann singe ich im besten Fall wie ein sorgfältig gezielter, im richtigen Moment abgeschossener Pfeil, bilde ich mir ein. Ein sehr leise dahinsirrender Pfeil.

Ein Chor wäre natürlich ein idealer Ort für Nachrichtenübermittlung aller Art. Noten können unauffällig getauscht werden, zusammen mit kleinen chiffrierten Informationen. Wer aber wäre hier mein Gegenpart, mit dem ich etwas auszutauschen hätte – der dänische Bass? Der weibliche Tenor mit dem slawischen Akzent? Und wenn ja, um was könnte es gehen?

Sphären rollt sie in den Räumen,
die des Sehers Rohr nicht kennt!

Ich kaue auf diesen Zeilen herum, was dazu führt, dass ich meinen Einsatz – immer eine Zehntelsekunde nach den anderen Altstimmen – verpasse. Schiller nennt die Sonne einen seelenlosen Feuerball. Bei Feuerball fällt mir der Film *Oppenheimer* aus dem letzten Sommer ein. Ich ziehe eine kleine Bilanz: Strophe zwei der *Ode* in Dauerwiederholung, ein klarer Verhaltenskodex, Aufnahme- und Feierrituale. Ein Agent brauche wie ein Hochstapler kalte Empathie (damit kann ich dienen) und Menschenkenntnis, hieß es kürzlich in dem Sender, aus dem ich mein Weltwissen beziehe. Und: Hochstapelei sei eine Gemeinschaftsleistung wie die Lüge. Das Chorsingen auch, füge ich im Stillen hinzu.

Es sind zwei Monate vergangen, ich bin nicht aufgeflogen, die nächste Essensrunde naht, ich fabriziere in stundenlanger Arbeit scharfe Teigtaschen, kaufe eine Flasche Prosecco, dessen Schaum hoffentlich kraftvoll zum Himmel *sprützen* wird, packe Teller, Besteck und Becher ein. Der Major, der die Stadtbibliothek aufschließt, sieht meinen gefüllten Rotkäppchenkorb und nickt wohlgefällig.

Wir singen eine Weile dies und das, das Essen riecht wieder stark in die Harmonien hinein. Die Chorleiterin hat einen frischgeschorenen Cut auf der Sopranseite und eine violette Strähne auf der Altseite. Nochmal die *Ode,* dann darf gefeiert werden.

… in der Traube goldnem Blut
trinken Sanftmut Kannibalen

ergänze ich heimlich für mich, in der Hoffnung, es möge so sein.

Der dänische Bass rollt sein Notenblatt zu einem Rohr zusammen und hält es an das linke Auge. Was mich wundert. Ist er Linkshänder? Sieht er rechts schlechter? Ist es ein Zeichen? Langsam wendet er sich in Richtung Alt und fixiert mich, bis der letzte Ton verklungen ist.

Der Merkur im Internet: Aktuelle Interventionen und Kommentare, Reaktionen auf Texte in der Druckausgabe, Blicke ins Archiv, Hinweise zu Tagungen und Links zu lesenswerten Artikeln und Essays online, zu finden unter:

www.merkur-zeitschrift.de/blog/

Demnächst:

Eva Horn
Klima als Medium

Christoph Möllers
Das Politische, das Soziale – und das Deutsche

Pascal Richmann
Die Expo-Monologe